Gerenciamento Arquivístico
de Documentos Eletrônicos

Uma abordagem teórica
da diplomática
arquivística contemporânea

Rosely Curi Rondinelli

Gerenciamento Arquivístico
de Documentos Eletrônicos

Uma abordagem teórica
da diplomática
arquivística contemporânea

4ª edição

ISBN — 85-225-0396-6

Copyright © 2005 Rosely Curi Rondinelli

Direitos desta edição reservados à
EDITORA FGV
Rua Jornalista Orlando Dantas, 37
22231-010 — Rio de Janeiro, RJ — Brasil
Tels.: 0800-021-7777 — 21-3799-4427
Fax: 21-3799-4430
e-mail: editora@fgv.br — pedidoseditora@fgv.br
web site: www.fgv.br/editora

Impresso no Brasil / Printed in Brazil

Todos os direitos reservados. A reprodução não autorizada desta publicação, no todo ou em parte, constitui violação do copyright (Lei nº 9.610/98).
Os conceitos emitidos neste livro são de inteira responsabilidade da autora.

1ª edição — 2002; 2ª edição — 2004; 3ª edição — 2005; 4ª edição — 2005; 1ª reimpressão — 2007; 2ª reimpressão — 2008; 3ª reimpressão — 2009; 4ª reimpressão — 2010; 5ª reimpressão — 2011; 6ª reimpressão — 2013; 7ª reimpressão — 2014; 8ª reimpressão — 2015; 9ª reimpressão — 2021.

REVISÃO DE ORIGINAIS: Renato Barraca
EDITORAÇÃO ELETRÔNICA: Rio Texto
REVISÃO: Aleidis de Beltran e Fatima Caroni
CAPA: Visiva Comunicação e Design

Ficha catalográfica elaborada pela Biblioteca
Mario Henrique Simonsen/FGV

Rondinelli, Rosely Curi
    Gerenciamento arquivístico de documentos eletrônicos: uma abordagem teórica da diplomática arquivística contemporânea / Rosely Curi Rondinelli. — 4. ed. — Rio de Janeiro : Editora FGV, 2005.
    160p.

    Inclui bibliografia.

    1. Arquivos e arquivamento (Documentos). 2. Documentos legíveis por computador. I. Fundação Getulio Vargas. II. Título.

CDD — 025.1714

Meu canto para ser um canto certo
Vai ter que nascer liberto e morar
No assobio, do ocupado e do vadio,
Do alegre e do mais triste.
Só há canto quando existe muito tempo
E muito espaço pra canção ficar, se eu passo,
E dizer o que eu não disse.
Ah que bom se eu ouvisse o meu canto por aí.

Sérgio Bittencourt
(*Canção de não cantar*)

Até aqui me ajudou o Senhor.
(1 Samuel 7:12)

A minha mãe,
Violeta Curi Rondinelli,
nave segura, hoje ancorada em algum porto do infinito.

A meu pai,
Francisco Rondinelli
(*in memorian*).

E aos meus tios
Minerva e Salomão Curi,
exemplos de generosidade
inigualável.

Sumário

Agradecimentos   11

Prefácio   13

Introdução   15

Capítulo 1   **Arquivologia e informática: impacto e perspectiva histórica das relações entre as duas disciplinas**   23

Capítulo 2   **A integração dos princípios e conceitos da arquivologia e da diplomática no gerenciamento arquivístico de documentos eletrônicos**   39

Cinco marcos históricos para a arquivologia   40
Diplomática: breve histórico   42
Documento arquivístico: considerações conceituais   45
Fragmentação do ato jurídico, burocracia weberiana e tecnologia da informação   51
Análise diplomática do documento eletrônico arquivístico   55
Metadados como elementos da análise diplomática do documento eletrônico arquivístico   59
Sistema de gerenciamento arquivístico de documentos   62
Os conceitos de fidedignidade e de autenticidade do documento eletrônico arquivístico   64
O documento eletrônico arquivístico e o binômio custódia/pós-custódia   71

Capítulo 3 **Iniciativas de gerenciamento arquivístico de documentos eletrônicos** 77

O projeto da Universidade de Pittsburgh, EUA 77
O projeto da Universidade de British Columbia, Canadá 90
A experiência australiana 108
As iniciativas brasileiras 116
Comparando as iniciativas de gerenciamento arquivístico de documentos eletrônicos 123

Capítulo 4 **Considerações finais** 125

Glossário 129

Referências bibliográficas e arquivísticas 131

Anexos

Anexo 1   Plano de ação do Programa Sociedade da Informação no Brasil   143

Anexo 2   Plano de Metas do Governo Eletrônico   145

Anexo 3   Documento convencional × documento eletrônico: quadro comparativo   157

Agradecimentos

A aventura acadêmica recentemente vivida, que culminou com uma dissertação de mestrado, agora transformada em livro, na verdade teve seu início há muito tempo. Assim, há muitos a quem agradecer.

A Maria Amélia Migueis, que não se encontra mais entre nós, e a Marilena Leite Paes, mestras eternas, pelo entusiasmo contagiante pela arquivologia.

Ao diretor do Museu do Índio – Funai, José Carlos Levinho, pela compreensão e pelo apoio irrestritos.

Ao Arquivo Nacional e à Fundação Casa de Rui Barbosa, instituições fundamentais na minha trajetória profissional.

Aos professores do Departamento de Ensino e Pesquisa do Instituto Brasileiro de Informação em Ciência e Tecnologia (Ibict), pelo muito que me acrescentaram.

À professora Nélida Gonzales de Gómez, pela rica interlocução e pelo incentivo que me transmitia a cada encontro de orientação.

A José Maria Jardim, professor e orientador de ricas e agudas observações, cuja preciosa amizade remonta aos tempos em que vivíamos numa Passárgada não muito distante daqui.

A Maria Odila Khal Fonseca, pelo muito que me ensina a cada encontro, seja num evento da comunidade arquivística, seja num papo informal no Luigi's.

Às professoras Heither MacNeil, Luciana Duranti e Wendy Duff, pelas verdadeiras aulas virtuais em que se constituíram nossas trocas de mensagens eletrônicas.

A meus irmãos Myriam, Francisco e Márcio, personagens de uma linda história de amor, solidariedade e cumplicidade.

Prefácio

É quase impossível compreender e viver a contemporaneidade sem nos confrontarmos cotidianamente com a importância crescente dos recursos informacionais em várias dimensões da vida social. Mesmo num país como o Brasil, onde o contemporâneo convive em muitas situações com indicadores históricos da pré-modernidade, a informação se encontra, de alguma forma, presente na agenda política, científica e cultural.

As formas atuais de se produzir, transferir e usar informações – associadas a padrões tecnológicos cada vez mais sofisticados – traduzem e provocam alterações significativas nos conceitos e práticas das organizações, métodos de trabalho, parâmetros de produtividade, atendimento aos clientes pelas empresas e ao cidadão pelo Estado.

Um fenômeno que se inicia a partir da década de 1960 em países de capitalismo central começa gradativamente a se fazer presente no cenário das organizações brasileiras: a informação tende a ser desnaturalizada. Isso significa reconhecê-la como um recurso de alto valor econômico e, portanto, algo tão gerenciável quanto os demais recursos mobilizados pelas organizações públicas e privadas para alcançar seus objetivos. No caso brasileiro, trata-se de um processo influenciado pela relevância da Tecnologia da Informação e por muito desconhecimento sobre a gestão da informação. Como resultado, diversas organizações ainda confundem frequentemente "informação" com "Tecnologia da Informação", ou seja, enfatizam a tecnologia em detrimento da informação propriamente dita.

Este livro, cuidadosamente elaborado por Rosely Curi Rondinelli, ajuda-nos a compreender problemas desse tipo e vários aspectos que envolvem a gestão de um determinado tipo de documento, vital para a qualidade de uma organização. Trata-se do documento arquivístico, expressão e requisito do processo político-decisório, fonte de prova e de informação.

Em ambientes organizacionais com uso cada vez mais intenso de tecnologias, os documentos arquivísticos eletrônicos demandam novas formas de gerenciamento porque apresentam peculiaridades. Trata-se de especificidades tecnológicas, jurídicas e arquivísticas até recentemente desconhecidas pelo produtor dos documentos, seus usuários e pelo profissional encarregado de garantir sua utilização e conservação: o arquivista. Essas novas configurações dos documentos arquivísticos produzidos em meio eletrônico demandam soluções ainda não completamente consolidadas, inclusive no cenário internacional.

Entre outros méritos, este livro oferece aos interessados no tema – profissionais e estudantes de diversos campos profissionais – a oportunidade de se familiarizar com conceitos e tendências gerenciais ainda pouco conhecidos em língua portuguesa. Mais que isso, convida-nos a uma reflexão sobre as políticas e ações sobre documentos eletrônicos que devem ser implementadas na realidade brasileira.

Ainda é escassa a literatura brasileira sobre um tema tão relevante, não apenas para as instituições arquivísticas como também para as organizações em geral. Há alguns anos, os raros debates no Brasil sobre a pesquisa em arquivologia demonstravam um certo menosprezo pela investigação. Corroborava-se, implicitamente, que a produção de conhecimento arquivístico estava condicionada à sistematização – nem sempre sob padrões científicos – das práticas cotidianas dos arquivos públicos. Este livro vem demonstrar, tal como tem ocorrido no cenário internacional, que a pesquisa é um território fundamental para dotar a arquivologia de novos balizamentos teóricos e práticos.

Tendo como referência a arquivologia, este livro resulta de uma perspectiva interdisciplinar que certamente o torna altamente convidativo não apenas para arquivistas, como também para administradores, bibliotecários, advogados, analistas de sistemas, cientistas da informação e da computação.

Um bom livro, além de todas as qualidades que possa ter, é aquele que nos convida ao diálogo. Este é o caso.

Prof. dr. José Maria Jardim
Universidade Federal Fluminense

Introdução

O tema deste livro começou a ser construído no período compreendido entre os anos de 1995 e 1996. Na época, a leitura de dois artigos publicados na revista *Archivaria*, da Associação dos Arquivistas Canadenses – "Fidedignidade e autenticidade: os conceitos e suas implicações", de Luciana Duranti, e "A proteção da integridade dos documentos eletrônicos: uma visão geral do projeto de pesquisa do UBC-MAS", de Duranti e Heither MacNeil – despertou um interesse definitivo sobre o gerenciamento arquivístico dos documentos eletrônicos.

A proliferação desse tipo de documento, nas instituições públicas e privadas, a partir da década de 1980, gera a seguinte questão: como planejar e implementar um programa de gerenciamento arquivístico de documentos eletrônicos de maneira a garantir a confiabilidade desses novos registros arquivísticos?

Do ponto de vista legal e histórico, a confiabilidade de um documento tem que ser garantida para que a justiça seja feita e o passado, compreendido. Segundo MacNeil (2000:xi), essa confiabilidade possui "duas dimensões qualitativas: fidedignidade e autenticidade. Fidedignidade significa que o documento é capaz de representar os fatos que atesta, enquanto autenticidade significa que o documento é o que diz ser".

Os conceitos de fidedignidade e de autenticidade sempre nortearam o direito e a história, principalmente a partir dos séculos XVI e XVII, quando essas disciplinas se voltaram para o exame dos documentos como fontes de prova.

Do ponto de vista jurídico, alguns especialistas internacionais têm observado que o crescente uso, nos tribunais, de provas geradas no computador deve levar ao questionamento sobre a necessidade, ou não, de novas regras sobre a prova dentro do sistema legal vigente.

Em relação aos historiadores, estes também têm-se mostrado preocupados com as implicações da tecnologia da informação na veracidade das fontes históricas. Um exemplo contundente é o caso dos arquivos eletrônicos da antiga Alemanha Oriental: problemas como a inexistência de documentos explicando o funcionamento dos sistemas digitais com que os arquivos foram gerados, o desconhecimento dos códigos dos softwares e a obsolescência e a decomposição do suporte têm impedido o acesso a documentos sobre agricultura, estatísticas de trabalho, registros penais e sobre os funcionários do Partido Comunista. Consequentemente, as informações estão definitivamente perdidas para o governo alemão, para os cidadãos e para os pesquisadores de hoje e de amanhã.

Um outro exemplo refere-se ao chamado "caso Somália". Em 1996, a morte a tiros de alguns somalis e a tentativa de suicídio de um soldado canadense levaram à instalação da Comissão Canadense de Inquérito sobre o "Envio de Forças Canadenses para a Somália". Como parte das investigações, a comissão solicitou o acesso aos documentos oficiais do Centro Nacional de Operações de Defesa (NDOC), que estavam em base de dados e continham os registros de todas as mensagens passadas do teatro de operações das forças canadenses para o Quartel-General de Defesa Nacional. Durante a consulta a comissão descobriu falhas, como entradas sem nenhuma informação e números seriais perdidos ou duplicados, que pareciam alterações deliberadas. Entretanto, investigações posteriores não chegaram a nenhuma conclusão sobre as suspeitas da comissão devido à falta de padronização dos registros oficiais, à falta total de segurança do sistema, à falta de sistemas auditores e à tendência dos oficiais de negligenciar sistemas difíceis de lidar. Assim, a comissão concluiu que os registros do Centro Nacional de Operações de Defesa não eram confiáveis o bastante para pesquisas presentes e futuras.

A comissão de inquérito canadense elaborou um relatório sobre o seu trabalho que recebeu o sugestivo título de "Legado desonrado: as lições do caso Somália". No relatório constam as seguintes recomendações que deveriam ser adotadas pelo NDOC:

- implementação de mecanismos de auditoria para assegurar que procedimentos operacionais-padrão se constituam num guia claro sobre o tipo de informação que deve entrar e como deve entrar;

❏ implementação de um sistema de banco de dados adequado, que inclua controles de software para assegurar a entrada de dados verdadeiros em cada campo e o treinamento de operadores e usuários do sistema;

❏ aumento do sistema de segurança para um padrão aceitável, compatível com o objetivo da segurança nacional, incluindo restrição de acesso através de senhas e o uso de campos seguros para a identificação de pessoas que inserem ou apagam dados.

O caso Somália deixa claro que, assim como a ausência de procedimentos padronizados no momento da criação dos documentos eletrônicos compromete sua fidedignidade, a ausência de mecanismos de auditoria e de segurança compromete sua autenticidade. Exatamente por isso, a comissão de inquérito apresentou recomendações que tanto reforçam a relação existente entre documentos verossímeis e gerenciamento arquivístico quanto minimizam a repercussão das mudanças tecnológicas sobre esses procedimentos.

Enquanto por um lado os historiadores temem as dificuldades de reconstituição do passado registrado em suportes magnéticos ou ópticos, por outro reconhecem as possibilidades que se abrem para o método histórico a partir dos sistemas eletrônicos. Segundo Zweig (apud MacNeil, 2000:74):

> Sistemas eletrônicos mais sofisticados registram um nível adicional de informações sobre os documentos além do seu conteúdo, aparência e estrutura. Esses sistemas também registram como os documentos são usados (...) rastreiam a criação de um documento, sua evolução por várias minutas, de vários autores, e sua movimentação através da hierarquia da instituição.

Tal entusiasmo é compartilhado também por profissionais que atuam junto aos arquivos, como David Bearman (1996), por exemplo:

> Tradicionalmente, arquivistas e administradores não têm acompanhado o curso do documento arquivístico individual (...) No caso do documento eletrônico, o contrário é verdade. Será muito mais eficiente e menos caro controlar e descrever documentos em nível de item desde o momento da sua criação.

Em que pese ao reconhecimento do potencial dos sistemas eletrônicos, advogados, historiadores e arquivistas reconhecem a necessidade de métodos que assegurem a fidedignidade e a autenticidade dos documentos ali contidos. Tais métodos pressupõem a implantação de uma política arquivística que contemple a criação de sistemas de gerenciamento arquivístico de documentos eletrônicos.

No mundo dos arquivos, a busca pelo domínio da construção desses tipos de sistemas tem dominado a literatura arquivística internacional nos últimos anos. Entre os profissionais da área, alguns, como Duranti e MacNeil, citadas inicialmente, consideraram que podiam rever os princípios e conceitos da diplomática, uma disciplina voltada para a análise dos documentos medievais, e aplicá-los aos documentos contemporâneos. Outros viram na garantia literária fornecida pelo levantamento de leis, normas e práticas profissionais consagradas, de determinadas áreas do conhecimento, o caminho para a criação de requisitos arquivísticos para os sistemas em questão.

Em relação à primeira abordagem, a fundamentação teórica das autoras, calcada na integração dos princípios e conceitos da diplomática e da arquivologia, dota a questão do gerenciamento arquivístico dos documentos eletrônicos de uma consistência teórico-conceitual que a liberta da concepção baseada na supremacia tecnológica.

Sobre tal concepção, Duranti argumenta que a característica mutável da tecnologia, prevista para estar sempre avançando, deixa claro que o gerenciamento arquivístico do documento eletrônico não pode tomar por base os recursos tecnológicos, mas sim o próprio documento, ou seja, a análise da sua natureza e características a partir da diplomática arquivística contemporânea.

As diferentes correntes de pensamento sobre o gerenciamento arquivístico dos documentos eletrônicos inserem-se num contexto de busca do conhecimento arquivístico necessário à implementação desse gerenciamento. É justamente a investigação dessa busca, tendo como referência fundamental a diplomática arquivística contemporânea, que constitui o objetivo desta obra. Para alcançá-lo recorreu-se a uma metodologia que percorre caminhos teóricos e empíricos que se encontram estruturados em três capítulos. O primeiro contempla a construção de um histórico das relações entre arquivologia e informática, o qual se caracteriza pelo trinômio impacto/assimilação/intervenção.

O segundo capítulo trata da integração dos princípios e conceitos da arquivologia e da diplomática no gerenciamento arquivístico dos documentos eletrônicos, e encontra-se subdividido em nove itens que contemplam um panorama histórico da arquivologia e da diplomática; considerações conceituais sobre o documento arquivístico na esteira dos questionamentos provocados pelo documento eletrônico; a substituição do documento individual pelo dossiê, como consequência da fragmentação do ato jurídico, a supremacia desse tipo de documento na burocracia moderna e a repercussão da tecnologia da informação na ordem burocrática vigente; a aplicação da análise diplomática aos documentos eletrônicos e a utilização dos metadados como instrumentos dessa análise; a construção de sistemas de gerenciamento arquivístico de documentos eletrônicos fidedignos e autênticos e, por último, considerações sobre a abordagem pós-custodial.

Finalmente, o terceiro capítulo aborda propostas de gerenciamento arquivístico de documentos eletrônicos apresentadas pela comunidade acadêmica e por instituições arquivísticas, bem como a ausência das mesmas na iniciativa brasileira de "Governo Eletrônico". Em relação a este último, há que ressaltar o fato de se tratar de um processo em curso e, portanto, aberto, em qualquer tempo, à implementação de procedimentos gerenciais arquivísticos.

A abordagem teórica que caracteriza os capítulos 1 e 2 foi construída a partir de fontes bibliográficas levantadas na internet e nas bibliotecas do Arquivo Nacional e da Fundação Getulio Vargas. Já o caráter empírico do capítulo 3 foi moldado a partir de consultas aos sites da Universidade de Pittsburgh (EUA), da Universidade de British Columbia (Canadá), do Arquivo Nacional da Austrália e do governo brasileiro, além de uma interlocução direta com professores e funcionários dessas instituições através do correio eletrônico.

A estruturação dos capítulos demonstra a pertinência de uma abordagem interdisciplinar que, partindo da arquivologia e da ciência da informação, envolve a diplomática e a informática.

Entretanto, no que se refere à interdisciplinaridade da arquivologia com a ciência da informação, parece persistir a debilidade identificada por Fonseca e Jardim em artigo de 1995, intitulado "As relações entre a arquivística e a ciência da informação". Os autores ressaltam que as diferenças entre ambas as disciplinas apontam para o objeto, o tipo de informação, as categorias de usuários e os métodos.

Em relação ao objeto, Fonseca e Jardim (1995:47) afirmam que enquanto a arquivologia considera os arquivos como seu "único objeto", a ciência da informação tende a "considerar a informação, *lato sensu*, como seu objeto".

Quanto ao tipo de informação analisada, os autores apontam "a informação relativa ao conhecimento científico e tecnológico" como foco de interesse da ciência da informação, e a "informação contida nos registros materiais organicamente produzidos" como a abordagem central da arquivologia (Fonseca & Jardim, 1995:47).

No que diz respeito às categorias de usuários, Fonseca e Jardim (1995:47) identificam "um universo determinado de produtores/usuários, em constante retroalimentação", para a ciência da informação, e "um grupo determinado ou potencialmente indeterminado, em função do ciclo vital dos documentos (fases corrente, intermediária e permanente)", para a arquivologia.

Finalmente, os autores ressaltam que tais diferenças levam à adoção de métodos diferenciados por ambas as disciplinas.

Apesar de todas essas diferenças, a arquivologia e a ciência da informação possuem pontos em comum. É fato que tais pontos carecem ainda de uma exploração teórica, mas um deles pode ser facilmente identificado no conceito de Saracevic sobre a ciência da informação. Segundo o autor, "Ciência da Informação é um campo que engloba a pesquisa científica e a prática profissional, tendo como característica a interdisciplinaridade, a ligação com a Tecnologia da Informação e uma forte dimensão social e humana" (Saracevic, 1996:41).

É justamente nessa "forte dimensão social e humana" que se encontra um dos pontos convergentes da ciência da informação e da arquivologia. A característica testemunhal da informação arquivística, ou seja, o fato de os documentos arquivísticos se constituírem em fontes de prova das ações que os geram, exige um gerenciamento rigoroso de sua criação, transmissão e guarda, de maneira que se possa, a todo tempo, prestar contas dessas mesmas ações, atender às demandas dos cidadãos e garantir à sociedade o conhecimento sobre si mesma.

Outro ponto em comum entre ciência da informação e arquivologia refere-se ao fato de que ambas as disciplinas se encontram em pleno processo de construção e consolidação de seus estatutos epistemológicos, sendo que em relação à primeira Pinheiro e Loureiro (1995:43) chegam a afirmar que "A falta de estudos nessa linha e, mesmo, a presença incipiente de teóricos mantêm a ciência da informação em um estado de fragilidade teórico-conceitual".

Por tudo isso, observa-se que, no que se refere à interação da ciência da informação com a arquivologia, permanece válida a afirmação de Fonseca e

Jardim (1995:48) de que "o território disponível para o intercâmbio teórico e prático mostra-se extremamente vasto".

Nesse sentido, há que ressaltar que a partir da década de 1990, no Brasil, ocorre um estreitamento das relações entre a ciência da informação e a arquivologia. O período assiste ao aparecimento de artigos sobre a interação desses dois campos do conhecimento e à realização de eventos sobre esse mesmo tema.

A dimensão científica conferida ao estudo dos documentos eletrônicos arquivísticos, desenvolvido nos últimos anos, reforça o vínculo entre a ciência da informação e a arquivologia. É justamente a busca pelo fortalecimento dos laços interdisciplinares da arquivologia com a ciência da informação e destas com a informática e a diplomática, bem como a responsabilidade social dessas áreas do conhecimento, que compõe o cenário teórico-metodológico no qual se insere esta obra.

Capítulo 1

Arquivologia e informática: impacto e perspectiva histórica das relações entre as duas disciplinas

Após a II Guerra Mundial, a tecnologia do computador saiu dos limites do uso militar e começou uma lenta expansão pelas instituições públicas e privadas dos países do capitalismo central.

Até a década de 1970, o uso do computador era limitado aos especialistas, devido à necessidade de domínio de estruturas complexas de hardware e de software. Eram os tempos do CPD (Centro de Processamento de Dados), cujos profissionais atuavam completamente separados do resto da instituição.

A década de 1980 trouxe duas grandes novidades: os computadores pessoais e as redes de trabalho. Os primeiros marcaram o fim dos CPDs e o início da descentralização dos trabalhos informáticos. Softwares amigáveis e custos baixos levaram à disseminação do uso dos microcomputadores. Tal disseminação foi potencializada com o advento da tecnologia de rede, a qual evoluiu rapidamente das redes locais (Local Area Network – LAN) para as regionais e globais, sendo a internet a maior e melhor. A partir daí inicia-se a era da informação eletrônica, cuja repercussão na sociedade contemporânea é tão profunda quanto veloz. De fato, a teia construída pela tecnologia da informação[1] tem implicações econômicas, políticas, sociais e culturais que a explicam, ao mesmo tempo em que geram novas implicações econômicas, políticas,

---

[1] Segundo Castells (1999:49), tecnologia da informação é "o conjunto convergente de tecnologias em microeletrônica, computação (software e hardware), telecomunicações/ radiodifusão e optoeletrônica". O autor ainda inclui nessa definição a engenharia genética.

sociais e culturais. No mundo do trabalho, por exemplo, os profissionais da informação foram profundamente atingidos e, entre eles, os arquivistas. Tal afirmação se fundamenta no fato de que o avanço tecnológico mudou radicalmente os mecanismos de registro e de comunicação da informação nas instituições e, consequentemente, seus arquivos também mudaram. Ora, considerando que os arquivos se constituem no principal objeto da arquivologia, fica evidente o impacto da informática sobre esse campo do conhecimento. Tal constatação sugere uma reflexão sobre esse impacto, bem como a construção, a partir de uma perspectiva histórica, das relações entre ambas as disciplinas.

Segundo Breton (1991), o termo informática foi cunhado na França (*Informatique*), em 1962, por Philippe Deyfus, com a junção das palavras informação e automática.

De acordo com Fragomeni (1986:314), informática é a

> Ciência do tratamento automático da informação (...).Inclui desde recursos lógicos, ou *logical* (software), como linguagens, algoritmos, cálculos e gerência, até recursos físicos, ou *material* (hardware), como processadores periféricos, terminais, memória, blocos lógicos e componentes.

Para Fragomeni (1986), a informática é uma ciência bastante nova, ainda em busca de conteúdo e estrutura, com uma inclinação para a semiótica.

A história do tratamento automático da informação remonta ao ábaco, usado por civilizações antigas, provavelmente os babilônios, em 2000 a.C. Ao longo dos séculos a trajetória da informação automática registra invenções como réguas de cálculo, máquinas de calcular, placas perfuradas e outras, até o aparecimento do computador no século XX. Segundo historiadores da informática, a evolução dos computadores passa por três gerações ou etapas:

❏ tecnologia de válvula (1942-59);

❏ transistor (1959-65);

❏ circuito integrado (1965 aos nossos dias).

Quanto à disseminação do seu uso, conforme mencionado inicialmente, a partir da década de 1980 verifica-se uma verdadeira invasão dos computadores nas instituições públicas e privadas, com grande repercussão nos procedimentos administrativos e documentários adotados até então. Entretanto, a reação inicial dos arquivistas às mudanças em curso não correspondeu à dimensão das mesmas. Ao contrário, o que se verifica é um lento, embora rico, processo de assimilação e intervenção. É justamente esse processo que passamos a descrever.

Segundo Fishbein (1984), o tema "arquivologia e informática" foi abordado pela primeira vez pelo Conselho Internacional de Arquivos (CIA), em 1964, durante o Congresso Internacional de Arquivos realizado em Paris. Na ocasião, os participantes demonstraram pouco interesse sobre o assunto. Na verdade, naquela época a maioria dos arquivistas via o computador como um mero instrumento para fins estatísticos e fiscais. A única exceção do congresso foi o Arquivo Nacional dos Estados Unidos (National Archives and Records Administration – Nara), que mostrou que, além de usar o computador em algumas atividades administrativas, já estudava sua aplicação na recuperação da informação.

O desinteresse dos profissionais de arquivo pela automação foi mais uma vez demonstrado durante a Conferência Internacional da Mesa Redonda de Arquivos (Citra), realizada em Paris, em 1965. Durante o evento, os arquivistas rejeitaram os cartões perfurados e as fitas magnéticas como documentos arquivísticos. Também nessa ocasião os Estados Unidos foram a exceção. O representante do Nara mostrou que a instituição estava utilizando o computador para recuperar processos e desenvolvendo estudos sobre a avaliação dos mesmos materiais que a comunidade arquivística insistia em ignorar.

Fishbein considerava que a resistência dos arquivistas à informática se devia tanto ao conservadorismo desses profissionais como à falta de recursos financeiros dos arquivos para investir nessas novas tecnologias.

Seis anos após o encontro de Paris, o cenário havia mudado. Era o ano de 1971, e os arquivistas estavam reunidos em mais uma Citra, desta vez em Bonn, Alemanha. Durante o evento, o professor Robert Henri Bautier, que havia sido encarregado pelo CIA de fazer uma análise da situação dos arquivos ante a automação, apresentou o resultado de sua pesquisa. Em seu relatório, Bautier[2] mostrou que o uso das técnicas informáticas pelos arquivos havia crescido muito no final da década de 1960 e chamou a atenção para a repercussão disso na arquivologia.

---

[2] Informação contida em Fishbein (1981).

Segundo o trabalho de Bautier, o Arquivo Nacional da Suécia foi o primeiro a desenvolver uma política de recolhimento e de conservação dos documentos eletrônicos de valor permanente. O Nara havia criado um setor com a finalidade de controlar os arquivos produzidos pelo governo federal em fitas magnéticas e recolher regularmente os que fossem considerados de valor permanente. A República Federal da Alemanha foi um dos países pioneiros em índices automatizados, mas foi a Itália que liderou os trabalhos de indexação de arquivos textuais.

O mesmo relatório informou que entre 1965 e 1971 o número de pesquisadores que utilizavam o computador para processar seus dados havia aumentado, e que eles começaram a solicitar consultas aos documentos eletrônicos da Administração Pública. Nesse período, verificou-se que algumas instituições estavam eliminando documentos em suporte magnético sem a intervenção dos arquivistas, e as razões para isso eram a falta de conhecimento dos arquivistas sobre informática, a escassez de recursos dos arquivos para conservação do material e os obstáculos legais ao recolhimento de documentos tão recentes. As duas últimas razões provocaram a demora em se considerar os documentos eletrônicos como de valor arquivístico.

Como conclusão do seu estudo, o professor Bautier sugeriu que a questão da automação nos arquivos integrasse uma das sessões do Congresso Internacional de Arquivos que se realizaria em Moscou, em 1972. O CIA não só acatou a sugestão do professor Bautier como nomeou um grupo de trabalho *ad hoc* para preparar a sessão. O grupo, constituído por arquivistas da Bélgica, Canadá, Inglaterra, República Federal da Alemanha, Israel e EUA, foi autorizado a fazer uma reunião sobre o tema "As implicações do tratamento automático de dados para a gestão arquivística". A reunião aconteceu em Spoleto, Itália, no período de 23 a 25 de maio de 1972, e resultou nas seguintes recomendações:

- publicação de um periódico que tratasse principalmente dos trabalhos sobre automação desenvolvidos nos arquivos;
- compilação de uma bibliografia sobre automação;
- elaboração de um currículo sobre informática para o ensino dessa disciplina aos arquivistas;
- elaboração de instruções sobre o gerenciamento de documentos eletrônicos.

Com relação à recomendação da publicação de um periódico, o grupo reunido em Spoleto aprovou a criação de um boletim denominado *ADPA*, siglas para *Automatic Data Processing and Archives*, sendo o primeiro número publicado em 1972. Entretanto, apesar dessa iniciativa, observa-se que o momento era de escassez de literatura sobre o tema. O segundo número do *ADPA* foi publicado somente em 1974, com o seguinte apelo do seu editor, Michael Carrol (1974:1): "Nós precisamos de artigos, comentários, opiniões, notas ou o que quer que seja, em inglês ou francês, de qualquer país, para publicação".

Conforme orientação do CIA, o Congresso Internacional de Arquivos, realizado em Moscou, em 1972, contou com uma sessão plenária, organizada pelo grupo de trabalho de Spoleto, intitulada "Novas técnicas arquivísticas".

Por meio do relatório de Rieger Morris sobre o evento, publicado na revista *The American Archivist*, observa-se que àquela época a comunidade arquivística ainda não tinha uma ideia muito clara sobre o significado do termo "novas técnicas arquivísticas", o qual, na sessão plenária aqui referida, foi confusamente definido por Morris (1973:494) da seguinte maneira:

> Novas técnicas arquivísticas são métodos, procedimentos, tecnologias, dispositivos e processos específicos que emergiram nos últimos anos (ou continuam emergindo) na prática arquivística e que mudaram significativamente ou suplantaram inteiramente a metodologia existente, ou criaram uma alternativa viável para essa metodologia, ou serviram como meio de executar uma função arquivística que não existia antes, ou que prometem fazer uma dessas coisas.

Outro dado interessante observado no relatório de Morris (1973:496) é que a dificuldade em se reconhecer o valor arquivístico dos documentos eletrônicos ainda persistia. Prova disso é que entre as recomendações da sessão plenária sobre novas técnicas arquivísticas uma apelava para que os então chamados "documentos legíveis por máquina", ou "arquivos de dados", fossem considerados parte integrante da documentação arquivística das instituições governamentais e, como tal, recolhidos aos arquivos públicos.

Em 1974 o grupo de trabalho sobre arquivos e automação instituído pelo CIA organizou seu primeiro seminário internacional, com o tema "Utilização do tratamento automático de dados nos arquivos". O evento aconteceu em Chelwood Gate, Inglaterra, e contou com a participação de 25 países. Na ocasião, o grupo de trabalho passou à condição de comitê, surgindo assim o Comitê de Automação do Conselho Internacional de Arquivos.

Durante o encontro de Chelwood Gate, o representante da França, Ivan Cloulas (1975), apresentou palestra intitulada "Informática e arquivos: um balanço internacional". Nesse trabalho, além de reiterar as informações de Bautier sobre o uso da informática pelos arquivos no final da década de 1960, Cloulas registrou a expansão desse uso naquele início dos anos 1970. Segundo sua pesquisa, os arquivos públicos de vários países estavam utilizando amplamente a informática tanto nas atividades administrativas (gestão financeira e de pessoal, atendimento ao usuário) como no processamento de acervos (elaboração de guias, inventários e índices automatizados). Como exemplos citou, entre outros, a iniciativa da Biblioteca do Congresso, em 1967, de inventariar o arquivo privado do presidente John Kennedy através do sistema Spindex; os estudos, iniciados em 1972, do projeto Priam (Préarchivage Informatisé des Archives des Ministères), que visava à informatização total do arquivo intermediário da França, localizado em Fontainebleau; e o trabalho de transcrição de documentos textuais para o computador, realizado pelo Arquivo Nacional da Itália, em 1973, com a ajuda do sistema alemão Golem II.

A pesquisa de Cloulas (1975) abordou também a questão da preservação dos documentos eletrônicos. Sobre isso, destacamos a informação de que o Nara contava, em seu *staff*, com um engenheiro de computação encarregado de manter a legibilidade das fitas magnéticas; tinha, também, um depósito especial, situado em Maryland, dotado de equipamento para cópia e compactação desse tipo de material.

É interessante observar que durante o seminário de Chelwood Gate um país periférico destacou-se pela qualidade de sua palestra. Foi o caso da Costa do Marfim, cujo representante do Arquivo Nacional falou sobre indexação automatizada e foi convidado a integrar o Comitê de Automação do CIA.

Em 1976 a comunidade arquivística se reuniu mais uma vez durante o VIII Congresso Internacional de Arquivos, realizado em Washington. Na ocasião, em palestra intitulada "Implicações arquivísticas dos documentos eletrônicos", Lionel Bell (1979) inovou ao abordar aspectos psicológicos da relação arquivistas/técnicos em computação. Segundo Bell, para os arquivistas o mundo dos computadores era demasiado técnico e hermético para que pudessem participar. Por outro lado, os especialistas em computação tinham dificuldades em entender que os documentos gerados por eles fossem dotados de valor arquivístico. Bell considerava que a iniciativa para a dissolução de tais barreiras deveria partir dos arquivistas. Nesse sentido, Bell (1979:89) provocava-os, dizendo: "Se os arquivistas não aceitarem sua obrigação, outros a assumirão, porque a necessidade existe".

Mas, qual seria o perfil do profissional de arquivos capaz de lidar com os novos suportes da informação?

Ao responder a essa pergunta, na mesma palestra, Bell primeiramente ironizou, referindo-se ao que seria um superarquivista, isto é, o profissional capaz de reunir conhecimentos informáticos e arquivísticos ao mesmo tempo. Em seguida, defendeu o ponto de vista segundo o qual os arquivos deveriam passar a incluir, em seus quadros, profissionais de computação. A partir daí, os especialistas em informática receberiam noções de arquivo, enquanto os arquivistas seriam introduzidos no mundo dos computadores através de cursos e outras iniciativas patrocinadas pela instituição arquivística. Dessa maneira, segundo Bell, criavam-se as condições de diálogo entre ambos os grupos de profissionais.

Não há dúvidas de que, no que se refere à história das relações entre a arquivologia e a informática, o período compreendido entre o final dos anos 1960 e a década de 1970 pode ser caracterizado pelo binômio impacto/tentativa de assimilação.

O relatório de Bautier causou grande impressão na comunidade arquivística que, a partir daí, reconheceu as implicações das novas tecnologias sobre os arquivos e foi capaz de se organizar para melhor utilizá-las.

Ao final da década de 1970, o Comitê de Automação do CIA havia promovido cinco reuniões, lançado algumas publicações e refletido sobre a questão da formação profissional. No que diz respeito a países-membros, o comitê reproduzia o contexto socioeconômico mundial, isto é, os países desenvolvidos na categoria "membros" e os periféricos, entre os quais o Brasil, na categoria "membros correspondentes".

No caso do Brasil, as relações entre a arquivologia e a informática na década de 1970 apresentavam um quadro peculiar, isto é, apesar de contar com um representante no Comitê de Automação do CIA, os arquivistas brasileiros se limitavam a refletir sobre as novas tecnologias, sempre a reboque de outros profissionais da informação. É o que se conclui da análise da literatura arquivística da época.

Os anais do Congresso Brasileiro de Arquivologia de 1972, 1976 e 1979, bem como os artigos publicados na revista *Arquivo & Administração*, da Associação dos Arquivistas Brasileiros (AAB), revelam que o tema "arquivologia e informática" era constantemente abordado por engenheiros e bibliotecários, a convite dos arquivistas. Assim, destacamos o texto de Miranda Neto, de 1973, pelo pioneirismo e pela carga informativa; o de Araujo, de 1977, pelo caráter pragmático de suas considerações sobre o uso eficiente do computador nos arquivos e bibliotecas; o de Barreto, de 1979, por mostrar aos arquivistas que os então chamados "arquivos de dados correntes" eram de sua seara; e o de Mont-Mor, também de 1979, pelo alerta à questão da padronização descritiva.

A década de 1980 registra dois acontecimentos importantes nas relações entre arquivologia e informática: a realização de uma pesquisa internacional, promovida pelo Comitê de Automação do CIA, em 1985, sobre a aplicação da informática à gestão arquivística, e o Congresso Internacional de Arquivos, realizado em Paris, em 1988.

Segundo relatório de Michael Cook, publicado no boletim ADPA, de 1986, a pesquisa internacional constou de um questionário enviado a 204 instituições arquivísticas (arquivos nacionais e associações profissionais filiados ao CIA) em todo o mundo. Em resposta, o comitê recebeu 132 questionários preenchidos, ou seja, 64,7%, sendo os mais completos os provenientes da Austrália, Botsuana, Canadá, República Federal da Alemanha, Paquistão, Israel, Noruega e EUA. Da Europa Oriental, somente Polônia, Hungria e Tchecoslováquia enviaram respostas. Bélgica e Chade foram os únicos países francófonos que responderam ao questionário. Em relação aos Países Baixos e à Índia, a maioria das respostas não provinha de serviços arquivísticos. China, Japão e América Latina também participaram.

A pesquisa concluiu que 65,9% dos que responderam ao questionário usavam algum sistema de automação ou estavam em vias de implantá-lo.

O Arquivo Nacional do Brasil ignorou a pesquisa do Comitê de Automação do CIA, apesar do trabalho que vinha desenvolvendo de construção de uma base de dados sobre a Administração Pública Federal, a partir de 1930. O referido trabalho, que se inseria no dinâmico processo de modernização da instituição iniciado em 1980, chegou a ser publicado no periódico *ADPA*, em 1986.

Em que pese à iniciativa do Arquivo Nacional, através do diagnóstico da Comissão Especial de Preservação do Acervo Documental (Cepad), publicado em 1987, é possível saber que à época, apenas 0,02% dos arquivos existentes em Brasília usava recursos informáticos, o que era atribuído aos seguintes fatores (Cepad, 1987:25):

a) cristalização, na administração federal, dos processos tradicionais de recuperação da informação e outros serviços arquivísticos;

b) inexistência de interação sistemática entre as áreas de arquivo e informática no âmbito federal;

c) desperdício dos órgãos de arquivo e desvalorização dos acervos arquivísticos, ocasionando a negligência dos dirigentes da Administração Pública;

d) desconhecimento das vantagens e benefícios que podem advir da aplicação da informática aos arquivos, no controle do crescimento da massa documental como garantia da preservação das séries significativas e agilização na recuperação de documentos e informações.

A Cepad foi uma interessante iniciativa do governo federal, implementada a partir dos ventos redemocratizantes que começaram a soprar sobre o país em 1985.

Criada pela Portaria nº 1.009, de 29 de outubro de 1985, a Cepad integrava os grupos de trabalhos da Reforma Administrativa Federal e tinha as seguintes finalidades: "analisar, diagnosticar e propor mudanças nos segmentos arquivo, biblioteca e museu, de modo a melhorar a qualidade de desempenho das suas atividades, produtos, serviços e recursos informacionais pertinentes à administração pública federal" (Cepad, 1987:40).

Apesar de o percentual da Cepad, anteriormente citado, limitar-se ao Distrito Federal, não temos motivos para pensar que a situação fosse diferente no restante do país.

Na verdade, no que diz respeito ao uso da informática na década de 1980, a comunidade arquivística brasileira parece ter repetido o mesmo comportamento da década de 1970, isto é, ouviu muito e agiu pouco. O seminário intitulado "Tecnologia, administração e arquivo", promovido pela AAB, em 1982, é um bom exemplo. Apesar da iniciativa, coube, mais uma vez, a uma bibliotecária, Janice Mont-Mor, a apresentação da palestra intitulada "Automação de arquivos". Na ocasião, após discorrer competentemente sobre o assunto, Mont-Mor (1986:46) fez a seguinte afirmação: "No Brasil, estamos apenas despertando para a possibilidade do uso da automação em arquivos".

Há que se registrar que, no ano seguinte, Soares (1983:46) quebrou o silêncio dos arquivistas brasileiros em relação à informática em artigo no qual alertava: "Vivemos o impacto da Informática, da eletrônica, do processamento de dados que tudo invade, tudo transforma, tudo agiliza e viabiliza, mas que tem sérias implicações com os arquivos".

Entretanto, quatro anos mais tarde a afirmação de Mont-Mor ainda se mantinha. A publicação intitulada *A conservação de documentos em seus diferentes suportes*, de 1986, em que pese ao título, não contemplou os documentos eletrônicos. No mesmo ano a revista *Arquivo & Administração* publicou artigo de Roberto Pereira sobre o projeto de automação da Cinemateca Brasileira, no qual observa-se que as informações são consistentes, o autor é analista de sistemas, e os arquivistas, ausentes.

No contexto internacional, o ano de 1988 marcou a realização, em Paris, do primeiro congresso totalmente dedicado aos assim chamados "novos materiais arquivísticos".

Durante o evento, coube a René-Bazin a palestra de abertura, intitulada "A criação e a coleta dos novos arquivos". Com base em questionário aplicado aos membros das categorias A (arquivos nacionais) e B (associações profissionais) do CIA, Bazin (1989:1) optou por um texto cuidadoso, fazendo, logo de início, a seguinte afirmação: "é prematuro definir com exatidão científica o que sejam os novos arquivos".

Para ela, apesar do aumento do uso da informática pelas instituições arquivísticas, os tempos ainda eram de incerteza no que se referia aos documentos gerados em computador. A percepção de René-Bazin se refletia no próprio temário do congresso, o qual incluía sob a denominação "Novos materiais arquivísticos" documentos já não tão novos assim, como fitas sonoras, filmes, fotografias e microfilmes.

O trabalho de René-Bazin se desdobrava em outros mais detalhados, apresentados no mesmo congresso por especialistas em cada tipo de suporte. Na ocasião, foram amplamente discutidas questões sobre definição, conservação e aplicação dos princípios e práticas arquivísticos aos novos materiais.

A comunidade arquivística brasileira se fez representar no congresso da França. Ana Maria Camargo apresentou palestra sobre "Os novos arquivos e a formação do arquivista". Ao indagar se os programas de formação atendiam às exigências dos novos materiais, Camargo (1989:169-71) considerou que só através da interdisciplinaridade com o que ela chamou de "outras ciências da informação" seria possível capacitar os arquivistas a lidar com os novos arquivos.

Na verdade, a preocupação com a formação do arquivista diante das novas tecnologias já havia se manifestado na reunião de Spoleto, em 1972, e, desde então, foi tema de vários artigos. Em um deles, publicado em

1988, Michael Cook, seu autor, informa que no início, o conhecimento de informática era adquirido no próprio trabalho, em redutos de uns poucos iniciados. Essa situação mudou radicalmente no final da década de 1970, quando as escolas de biblioteconomia passaram a se chamar Escolas de Biblioteconomia e Estudos da Informação. Houve grande investimento em hardwares e instalações, além de alterações curriculares na área de biblioteconomia. Para Cook, a informação tecnológica também afetava o ensino da arquivologia, e um exemplo disso era a elaboração dos instrumentos de pesquisa, antes feitos isoladamente pelos arquivistas, sem um padrão descritivo a ser seguido; a possibilidade de construção de bases de dados para acesso em rede, ou não, começava a provocar uma pressão para a padronização da descrição arquivística, com algumas experiências despontando em todo o mundo. Outro exemplo seria a necessidade do ensino da teoria da indexação e da construção de tesauros, já que a recuperação da informação pelo computador exigia o emprego de termos mais precisos. Ainda no mesmo artigo, Cook conclamava os arquivistas a evitarem o surgimento de uma dicotomia profissional, isto é, aqueles versados em tecnologia da informação e os que não sabiam lidar com ela. Finalmente, sugeria a harmonização do ensino das áreas da informação através da construção de um currículo básico, envolvendo a arquivologia, a biblioteconomia e a ciência da informação.

Definitivamente, na história das relações entre a arquivologia e a informática a década de 1990 se caracteriza pela riqueza literária e pela profundidade das discussões. Mesmo no Brasil, essa efervescência se faz sentir com o aparecimento dos primeiros textos escritos por arquivistas brasileiros.

No que se refere à terminologia, denominações como "novas tecnologias", "novos arquivos", "documentos legíveis por máquina", "documentos informáticos" e outras, comuns nos anos anteriores à década de 1990, dão lugar ao termo "documentos eletrônicos", consagrado na literatura arquivística mundial de hoje. Essa convergência para uma denominação única reflete maior segurança dos profissionais de arquivo no que se refere à identidade dos documentos gerados em computador, ou seja, hoje os arquivistas não têm mais dúvidas quanto ao caráter arquivístico desses materiais. Entretanto, questões como fidedignidade, autenticidade, preservação e aplicabilidade dos princípios arquivísticos aos documentos eletrônicos ainda pairam diante dos arquivistas como problemas que precisam ser solucionados.

Logo no ano de 1990, Charles Dollar brinda a comunidade arquivística com um estudo sobre o impacto das tecnologias da informação nos princípios e nas práticas de arquivo, no qual considera que a informação na sociedade contemporânea está intimamente ligada a três imperativos tecnológicos: natureza mutável do suporte, natureza mutável do processamento da informação e natureza mutável do que provoca todas essas mudanças, isto é, da tecnologia. Para Dollar, tais imperativos exigem uma atuação mais direta dos profissionais de arquivo e uma redefinição dos princípios e práticas arquivísticos.

A necessidade ou não de uma profunda revisão dos conceitos de proveniência, ordem original e depósitos centrais, bem como das práticas de avaliação, descrição e preservação, que já tinha sido levantada na década de 1970, ganhou força logo nos anos de 1980 e 1990. Nessa época, Peterson (1989:88), por exemplo, considerava que:

> Gerenciar documentos eletrônicos, entretanto, não significa ter que criar nova teoria arquivística. Os princípios arquivísticos tradicionais continuam guiando a prática arquivística. Esta crescerá e mudará, mas os princípios permanecerão.

O Comitê sobre Documentos Eletrônicos, do CIA, anteriormente denominado Comitê de Automação, mantém-se bastante atuante nos anos 1990. Entre 1994 e 1995 realizou nova pesquisa internacional, dessa vez para saber que instituições arquivísticas haviam implantado, ou planejavam implantar, programas de gestão de documentos eletrônicos, os quais se constituem em tarefas das mais complexas na área arquivística. Segundo relatório publicado em 1997 pelo comitê, das 100 instituições que responderam ao questionário 65% informavam que não conservavam nem gerenciavam documentos eletrônicos. O Arquivo Nacional do Brasil, mais uma vez, não respondeu à consulta do CIA.

Também em 1997 o comitê lançou duas publicações importantes: um guia para o gerenciamento de documentos eletrônicos e uma revisão de literatura sobre esses mesmos materiais.

Conforme foi mencionado anteriormente, no Brasil a década de 1990 marca o surgimento dos primeiros artigos sobre documentos eletrônicos criados pelos próprios arquivistas brasileiros.

Em 1992, José Maria Jardim publicou artigo intitulado "A arquivologia e as novas tecnologias da informação", no qual aborda o contexto de criação da chamada "era da informação", analisa o impacto das novas tecnologias sobre os princípios e práticas arquivísticos e exorta a comunidade arquivística brasileira a assumir o quanto antes o seu lugar na questão do gerenciamento dos documentos eletrônicos.

Ainda em 1992, Adelina Novaes e Cruz, em artigo publicado no *Boletim da AAB*, chama a atenção para três aspectos a serem considerados pelos arquivistas em relação à informática: gerenciamento de dados, geração de documentos eletrônicos e transferência de suportes convencionais para os magnéticos e ópticos.

As implicações da informática na arquivologia foram também analisadas por Marilena Leite Paes e Ana Maria Camargo em artigos publicados em 1994. Já no ano seguinte, Jardim (1995:28), ao analisar as "Novas perspectivas da arquivologia nos anos 90", identifica o momento de efervescência vivido pela área, bem como as questões daí advindas a serem enfrentadas pelos arquivistas, a saber:

> a produção dos documentos resultantes das novas tecnologias da informação; os limites e possibilidades desses documentos à luz do quadro teórico-clássico da Arquivologia; a necessidade de as instituições arquivísticas compreenderem, de forma mais precisa, as novas demandas de uso social da informação; as possibilidades de os arquivistas responderem às demandas da sociedade da informação, do ponto de vista de sua formação teórica e prática, das suas associações profissionais e da sua interação com os outros profissionais de outras disciplinas do campo da informação.

O ano de 1997 registra o aparecimento do primeiro trabalho acadêmico envolvendo arquivologia e informática. Trata-se da dissertação da arquivista Anna Carla Almeida Mariz, apresentada no Curso de Mestrado em Memória Social e Documento, da Universidade do Rio de Janeiro, sob o título "O correio eletrônico e o impacto na formação dos arquivos empresariais: estudo dos casos da Shell e do Club Mediterranée".

O segundo trabalho dessa natureza foi apresentado por Vanderlei Batista dos Santos, em 2001. Trata-se da dissertação de mestrado intitulada "Gestão de documentos eletrônicos sob a ótica arquivística: identificação das principais correntes teóricas, legislação e diagnóstico da situação nos arquivos públicos brasileiros".

Em 1998, a fidedignidade e a autenticidade da informação eletrônica foram abordadas por Rosely Curi Rondinelli em artigo baseado nos estudos de Luciana Duranti e Heither MacNeil, publicado no *Boletim da AAB*.

Do lado da informática, um bom exemplo de que os profissionais dessa área também começavam a se interessar pelos arquivos é o artigo de Carlos Henrique Marcondes, publicado na revista *Arquivo & Administração*, da AAB, em 1998, no qual o autor discute questões relativas à "Estruturação e representação de documentos e agrupamentos de documentos de arquivo no espaço computacional".

A ausência de anais sobre os congressos brasileiros de arquivologia nas décadas de 1980 e 1990 impede um rastreamento mais exaustivo das informações sobre a evolução das relações entre a arquivologia e a informática no Brasil. Entretanto, a análise dos programas oficiais desses eventos, naquele período, deixa claro que os dois últimos congressos, realizados em 1998 e 2000, na Paraíba e na Bahia, respectivamente, caracterizam-se por uma conscientização maior da comunidade arquivística brasileira em relação à tecnologia da informação e aos documentos eletrônicos. Palestras envolvendo abordagens empíricas e epistemológicas apresentadas por arquivistas nacionais e estrangeiros, especialmente no XIII Congresso Brasileiro de Arquivologia, realizado em outubro de 2000, em Salvador, Bahia, embasam tal informação. Na ocasião, até mesmo as implicações da informática nos arquivos privados pessoais foram contempladas. Em palestra intitulada "Os arquivos pessoais de ontem e de hoje: a experiência do Cpdoc", Célia Costa, entre outros pontos, chama a atenção para a influência da tecnologia da informação na formação dos arquivos de pessoas físicas e, em especial, sobre um tipo de documento muito caro a esses arquivos, qual seja a correspondência particular. Segundo Costa (2000):

> Uma das principais características dos arquivos pessoais dos novos tempos é o desaparecimento progressivo desse tipo documental, a correspondência particular. Esse desaparecimento, na minha opinião, não só é fruto da nova relação do indivíduo com o tempo, que passa a gerar novos comportamentos e padrões de relacionamento tanto na esfera pública quanto na privada, como resulta da influência do uso frequente de tecnologias avançadas, tais como o telefone, o telex, o fax e, mais recentemente, o correio eletrônico, uso, por sua vez, característico dessa nova relação temporal.

Finalmente, no que diz respeito à inserção da questão dos documentos eletrônicos na política nacional de arquivos, cabe ressaltar que o Conselho Nacional de Arquivos (Conarq), já conta com uma Câmara Técnica de Documentos Eletrônicos. O mesmo conselho vem acompanhando atentamente as iniciativas governamentais relativas à implementação do

Programa Sociedade da Informação no Brasil, as quais serão analisadas no capítulo 3.

Nos últimos anos, o principal foco de estudo da comunidade arquivística internacional tem sido a questão do gerenciamento arquivístico[3] do documento eletrônico, o qual preconiza a intervenção arquivística já no momento da concepção do sistema eletrônico. Sobre o tema, estudos e projetos têm sido desenvolvidos no Canadá, nos EUA, na Austrália e em alguns países europeus. Em sintonia com os novos tempos, em setembro de 2000, durante o XIV Congresso Internacional de Arquivos, realizado em Sevilha, Espanha, o Comitê de Documentos Eletrônicos do Conselho Internacional de Arquivos (CIA) passou a denominar-se Comitê sobre Documentos Correntes em Ambientes Eletrônicos.

Em 1989, a arquivista italiana, naturalizada canadense, Luciana Duranti causou grande impacto na comunidade arquivística internacional ao lançar suas ideias sobre a questão da fidedignidade e da autenticidade do documento eletrônico arquivístico com base na união dos fundamentos da arquivologia com os de uma ciência já quase esquecida, isto é, a diplomática. A partir daí, Duranti publicou uma série de artigos e, com Terry Eastwood e Heither MacNeil, desenvolveu um projeto de pesquisa na Universidade de British Columbia, em Vancouver, Canadá, visando à proteção da integridade dos documentos eletrônicos.

A segunda fase do projeto, iniciada em 1997, é voltada para a questão da preservação dos documentos eletrônicos autênticos de valor permanente. Trata-se de um esforço que envolve vários países e é conhecido pela sigla Interpares, ou seja, International Research on Permanent Authentic Records in Eletronic Systems.

O projeto Interpares se constitui na iniciativa mais importante e mais ousada da área arquivística nos dias de hoje. Sua implementação, bem como a instalação crescente dos chamados sistemas de gerenciamento arquivístico de documentos,[4] demonstra que as relações entre a arquivologia e a informática chegam ao século XXI tendo como característica principal a plena conscientização dos arquivistas sobre as implicações da tecnologia da informação no seu campo de conhecimento. Embora não se possa dizer que a recíproca seja verdadeira, há que se reconhecer que o grau de visibilidade da arquivologia pela informática tem aumentado

---

[3] Tradução da autora para *recordkeeping*.
[4] Tradução da autora para *recordkeeping systems*.

graças às iniciativas aqui referidas, em que a parceria com a ciência da computação é fundamental.

Na história das relações entre a arquivologia e a informática, o relatório de Henri Bautier aparece como um verdadeiro grito de alerta que a comunidade arquivística soube ouvir e entender. A partir do trabalho de Bautier, os profissionais de arquivo deram início a uma revisão do seu campo de conhecimento em nível epistemológico e empírico nunca visto antes. Embora a profusão de artigos e projetos sobre a questão do documento eletrônico se origine da comunidade arquivística internacional pós-industrial, os arquivistas dos países periféricos têm perfeita consciência do momento de transformação pelo qual passa a profissão. Entre esses países destaca-se o Brasil, cujos arquivistas, a partir da década de 1990, abandonaram a postura passiva dos anos anteriores e passaram a escrever seus próprios artigos sobre as implicações da informática nos arquivos. Os textos ainda são poucos, mas a tendência é animadora.

Por tudo isso, podemos afirmar que os esforços da arquivologia contemporânea encontram-se totalmente voltados para o domínio do gerenciamento arquivístico dos documentos eletrônicos e para sua plena inserção na chamada sociedade da informação.[5]

---

[5] Segundo Vieira (apud Jardim, 2000:2), o conceito de sociedade da informação ainda carece de consenso: "conceito e rótulo estão intrinsecamente relacionados com as visões ou utopias de cada povo, nação e indivíduo (...) Ora é vista como sinônima de internet, ora como o conjunto das tecnologias de informação que embasam o comércio eletrônico, ora como uma rede de serviços interativos de áudio, vídeo e dados, ora ainda como a revolução tecnológica e transformações globais consequentes".

Capítulo 2

A integração dos princípios e conceitos da arquivologia e da diplomática no gerenciamento arquivístico de documentos eletrônicos

O século XVII registra o nascimento da diplomática, a partir do esforço de algumas ordens religiosas em provar a autenticidade de pergaminhos antigos.

No século XIX verifica-se o surgimento da arquivologia, como uma extensão da diplomática, e a adoção, pelos historiadores, daquela disciplina como uma ferramenta da crítica documentária, visando avaliar a validade dos documentos medievais como fontes históricas.

O final do século XX assiste à redescoberta da diplomática pelos arquivistas. A possibilidade de integração dos princípios e conceitos dessa disciplina aos da arquivologia é vista, por aqueles profissionais, como o caminho seguro para o bom gerenciamento arquivístico dos documentos de hoje, especialmente os eletrônicos, e leva ao nascimento da chamada diplomática arquivística contemporânea.

Após traçar um breve histórico da arquivologia e da diplomática, o presente capítulo passa a discorrer sobre a integração dos princípios e conceitos dessas áreas do conhecimento.

Cinco marcos históricos para a arquivologia

De acordo com Rousseau e Couture (1998), a palavra arquivo vem do grego *archeion* e, na Grécia antiga, designava palácio do governo, setor de documentos, depósito de documentos originais, sendo que o prefixo *arch* significa autoridade, comando. O mesmo termo, segundo Silva, "irá ser transmitido aos romanos e primeiros cristãos (...) cristalizado sob a forma latina de *archivun*" (Silva et alii, 1998:53).

O nascimento dos arquivos remonta à Antiguidade, quando surgiram os primeiros documentos resultantes de atividades exercidas pelo poder constituído. Entretanto, embora tenham surgido já com as civilizações antigas da Ásia Menor, é no Ocidente, mais precisamente a partir da segunda metade do século XVIII, que a história dos arquivos e da arquivologia registra cinco momentos significativos.

O primeiro se refere à criação do Arquivo Nacional da França, em 1789, como Arquivo da Assembleia Nacional. Mais tarde, em 1794, foi transformado em depósito central dos arquivos do Estado, ao qual se subordinavam os arquivos provinciais. Ao criar o Arquivo Nacional, o Estado francês assumia seu papel de guardião dos documentos arquivísticos por ele acumulados. O passo seguinte foi o reconhecimento do direito público de acesso aos arquivos (Decreto Messidor, art. 37).

O segundo momento importante foi a criação, em 1821, também na França, da École Nationale des Chartes, a qual fortaleceu a arquivologia como ciência auxiliar da história e, consequentemente, a concepção culturalista dos arquivos. Tal concepção se refletia numa organização dos documentos que privilegiava a classificação por assunto em detrimento do arranjo[6] dos conjuntos documentais.

O terceiro marco histórico veio mais uma vez da França, materializando-se em uma medida administrativa que alterou para sempre o tratamento dos arquivos. Em 1841, o historiador e arquivista francês Natalis Du Wailly promulgou o princípio da proveniência, ao sugerir ao ministro do Interior a emissão de uma circular determinando que os documentos fossem reunidos por fundos, isto é, pelos órgãos de origem. A partir daí o princípio passou a ser aplicado em muitos países, mas sua consagração definitiva se deu somente em 1964, durante o V Congresso Internacional

---

[6] Segundo Walne (1998:23), "arranjo se refere a operações intelectuais envolvidas na organização de documentos correntes e permanentes com base no princípio da proveniência, de modo a refletir a estrutura administrativa e/ou as funções do órgão gerador desses documentos".

de Arquivos, realizado em Bruxelas, quando se tornou um dos princípios básicos do campo do conhecimento arquivístico.

O período que se segue ao fim da Segunda Guerra Mundial aparece como o quarto momento significativo na trajetória dos arquivos e da arquivologia. O grande aumento do volume de documentos produzidos pelas instituições públicas levou à necessidade de se racionalizar a produção e o tratamento desses documentos, sob pena de as organizações inviabilizarem sua capacidade gerencial e decisória. Nesse sentido, comissões governamentais foram instaladas nos EUA e no Canadá, e, como resultado, vemos surgir o conceito de gestão de documentos que, segundo Indolfo, se constitui no "conjunto de procedimentos e operações técnicas referentes às atividades de produção, uso, avaliação e arquivamento de documentos em fase corrente e intermediária, visando a sua eliminação ou recolhimento para guarda permanente" (Indolfo et alii, 1995:14).

O conceito de gestão de documentos restaura e dinamiza a concepção dos arquivos como instrumentos facilitadores da administração, que vigorou até o século XIX, quando, como já vimos, por influência de uma visão dos arquivos apenas como guardiães do passado eles passaram a desempenhar funções de apoio à pesquisa histórica.

No bojo do conceito de gestão de documentos está o de ciclo vital, ou teoria das três idades, no qual, segundo Cook (apud Erlandsson, 1997:13-4), os

> documentos são primeiramente organizados, mantidos e usados ativamente por seus criadores, depois são armazenados por um período adicional de uso não frequente e, finalmente, quando seu uso operacional termina completamente, são "selecionados" como de valor arquivístico e transferidos para um arquivo ou declarados sem valor e destruídos.

Ocorre que nos países anglo-saxões, geradores do conceito de gestão de documentos, o conceito de ciclo vital provocou uma cisão profissional, isto é, paralelamente à figura do arquivista passa a existir a do *records manager*, ou administrador de documentos. Enquanto o primeiro cuidaria dos documentos de valor permanente, ou histórico, o último se encarregaria dos documentos de valor corrente e intermediário. Verifica-se, assim, uma ruptura não só entre os profissionais de arquivo dentro dos EUA e do Canadá, como também em relação aos que atuam na Europa e na América Latina, já que, nesses continentes, o conceito de ciclo vital não foi entendido de maneira estanque, ou seja, as fases corrente, intermediária e permanente, pelas quais o documento arquivístico passa, não foram vistas como excludentes uma da outra e, consequentemente, não houve o surgimento de uma nova categoria profissional.

Ao final do século XX o conceito de ciclo vital apresentava o seguinte quadro: aceitação unânime de um lado e aplicação diferenciada de outro. Essa convivência relativamente pacífica começou a ser abalada a partir da década de 1980, quando os documentos eletrônicos passaram a ser amplamente utilizados pelas instituições públicas. A partir desse momento, a arquivologia iniciou um longo processo de revisão dos seus princípios e métodos, inaugurando o que se constitui no quinto marco histórico dessa área do conhecimento.

Diplomática: breve histórico

A palavra *diplomática* vem do grego *diploo*, verbo que significa "eu dobro", o qual dá origem à palavra *diploma*, que significa dobrado, isso porque na Antiguidade clássica essa palavra se referia a documentos escritos em duas tábuas, unidas por uma dobradiça, chamadas dípticos. No Império Romano, a palavra diploma se referia a determinados documentos emitidos pelo imperador ou pelo Senado, tais como decretos concedendo privilégios de cidadania e de matrimônio a soldados que haviam dado baixa. Assim, naquela época, a palavra diploma significava documento emitido pela autoridade soberana e de forma solene.

Em relação à diferença entre os termos diplomática e diplomacia, embora ambos tenham a mesma origem etimológica, Duranti (1998:35) esclarece que o primeiro "é uma adaptação moderna do latim *res diplomatica*", expressão usada pela primeira vez com o sentido de análise crítica das formas de diplomas. Já o termo diplomacia, segundo a mesma autora, "vem do francês *diplomatie*, refere-se à arte de conduzir negociações internacionais, as quais resultam na compilação e na troca de documentos oficiais, denominados diplomas".

No que se refere à confusão entre diplomática e paleografia, Duranti (1998:35) afirma que esta "não é de natureza terminológica, mas está profundamente enraizada na história das duas disciplinas e nas concepções filosóficas do século XVIII". Na verdade, tanto a diplomática como a paleografia nasceram da necessidade de se proceder a uma análise crítica dos documentos suspeitos de falsificação.

Embora a questão da falsificação estivesse presente desde a criação dos primeiros documentos, até o século VI não havia critérios para sua identificação. Isso resultava do fato de que desde a Idade Antiga preponderava o princípio legal de que a autenticidade não era um caráter intrínseco ao documento, mas sim um atributo advindo do lugar em que o mesmo era guardado (templo, escritório público, arquivos). Entretanto, o crescente número de casos em que documentos falsos eram guardados nos lugares especiais para assim ganharem autenticidade levou à introdução de regras práticas de reconhecimento de falsificações no Código Civil de Justiniano e, mais tarde, em alguns decretos papais. Tais regras se aplicavam apenas aos documentos contemporâneos a essas leis, e não àqueles de séculos anteriores, usados pelas autoridades para apoiar concessões políticas ou religiosas. Entretanto, com o surgimento de controvérsias sobre a autenticidade dessas concessões, começou-se a aplicar aos documentos uma crítica rigorosa com base numa metodologia histórica. Foi assim que os italianos Francesco Petrarca e Lorenzo Valla, nos séculos XIV e XV, respectivamente, provaram tratar-se de falsificações os privilégios concedidos por Cesar Augusto e Nero à Áustria, no século I, e as doações feitas ao papa Silvestre, por Constantino, no século IV.

No século XVII, as chamadas guerras diplomáticas, travadas dentro da Igreja Católica entre beneditinos, jesuítas e dominicanos, levaram à transformação da análise crítica de documentos em disciplinas autônomas, como a paleografia, a sigilografia e a diplomática.

Em 1643, os bollandistas, religiosos da sociedade científica fundada na Antuérpia pelo jesuíta Jean Bolland, publicaram o primeiro tomo da *Acta Sanctorum*, na qual os testemunhos sobre a vida dos santos haviam sido devidamente avaliados com o objetivo de separar fatos reais de lendas.

Em 1675, deu-se o lançamento do segundo tomo da *Acta Sanctorum*, em cuja introdução Daniel Van Papenbrock enunciou os princípios gerais para se estabelecer a autenticidade de pergaminhos antigos.

A aplicação desses princípios ao estudo de diplomas reais da França anteriores ao ano 1000 levou Papenbrock a declarar falso um diploma do rei Dagoberto I, gerando dúvidas sobre a autenticidade de todos os documentos merovíngios, a maioria dos quais sob a custódia do Monastério de Saint Denis.

Em 1681, o monge beneditino da Congregação de Saint Maur, Jean Mabillon, respondeu às acusações de Papenbrock publicando um tratado de seis partes, intitulado *De re diplomatica libri VI*, o qual marca o nascimento da diplomática e da paleografia. Segundo MacNeil (2000:20), "Mabillon definiu a nova ciência da diplomática como o estabelecimento de termos e regras certos e verdadeiros pelos quais instrumentos autênticos podem ser distinguidos dos espúrios, e instrumentos incontestáveis e genuínos dos incertos e suspeitos".

Nas duas primeiras partes do seu tratado, Mabillon estabeleceu os princípios propriamente ditos da crítica diplomática, que consistiam em testes aos quais os documentos teriam que ser submetidos a fim de serem considerados falsos ou verdadeiros. Assim, diferentes tipos de documentos foram definidos, e foram analisados elementos como tinta, linguagem, tipo de escrita, selos, pontuação, abreviações, datas etc. Nas quatro partes restantes do tratado Mabillon se dedicou a apresentar provas e ilustrações dos princípios diplomáticos que havia criado e o modo como esses princípios deveriam ser aplicados. A sexta parte, por exemplo, consistia em cópias de cerca de 200 documentos, por meio das quais demonstrava por que deveriam ser considerados autênticos.

Segundo Bloch, o ano de 1681, em que *De re diplomatica* foi publicado, é "verdadeiramente um grande ano na história da inteligência humana, porque a crítica de documentos de arquivos foi definitivamente estabelecida" (Bloch apud MacNeil, 2000:21).

Importa esclarecer que, apesar de o estudo sistemático dos tipos de escrita ter sido iniciado por Mabillon, o termo paleografia aparece apenas em 1708, na obra intitulada *Paleographia graeca, sirve de ortu et progressu literarum*, de autoria do monge beneditino Bernard Monffauçon.

O século XVIII registra a introdução do ensino da diplomática e da paleografia nas faculdades de direito, bem como a publicação de uma série de trabalhos envolvendo essas duas áreas do conhecimento em vários países europeus. Entretanto, mais uma vez o avanço da diplomática se daria por meio dos religiosos da Congregação de Saint Maur. Entre 1750 e 1765, os beneditinos René Prosper Tassin e Charles Toustain publicaram uma obra de seis volumes, intitulada *Novo tratado de diplomática*, que foi traduzida para o alemão durante sua elaboração, o que comprova a validade científica dos princípios e métodos ali desenvolvidos.

No século XIX, a criação da École de Chartes, em Paris, mais precisamente em 1821, marca a evolução da paleografia como uma disciplina autônoma, bem como a afirmação dos princípios diplomáticos que passaram a ser adotados pelos historiadores como instrumento de avaliação dos documentos medievais enquanto fontes históricas. Segundo MacNeil (2000:29), "ao final do século XIX, (...) sob a influência da filologia e da escola científica de historiografia, a diplomática emergiu como ciência auxiliar da história e como disciplina autônoma".

O final do século XX marca uma nova etapa na história da diplomática. Nesse período dá-se o fim do confinamento de sua aplicação ao mundo medieval e o início da utilização dos seus princípios e métodos no estudo dos documentos contemporâneos. Trata-se, na verdade, de uma reinvenção da diplomática pela arquivologia, com o objetivo de melhor compreender os processos de criação dos documentos da burocracia moderna.

O interesse da arquivologia pela diplomática não representa nenhuma novidade, uma vez que a primeira nasceu no século XIX como uma extensão da segunda. O que é realmente novo é a percepção da utilidade dos princípios diplomáticos na análise dos documentos modernos. Assim, em 1970 o arquivista britânico Christopher Brooke exortou seus colegas a desenvolverem uma nova diplomática; entretanto, foi só a partir da década de 1980 que a exortação de Brooke começou a ser considerada.

Em 1989, por ocasião da II Conferência Europeia de Arquivos, promovida pelo Conselho Internacional de Arquivos, Francis Blouin falou sobre o crescente interesse dos arquivistas europeus e norte-americanos em retomar e adaptar a diplomática aos documentos modernos, em especial os eletrônicos. Segundo MacNeil (2000:87), as considerações de Blouin resultaram na seguinte recomendação dos delegados da conferência: "que o desenvolvimento de uma moderna diplomática seja promovido através da pesquisa sobre a tipologia de documentos e sobre procedimentos de criação de documentos das instituições contemporâneas".

A partir daí, na Europa, os primeiros países que se prontificaram a aplicar os princípios da diplomática aos documentos do século XX foram a Itália e os Países Baixos. Já na América do Norte a iniciativa partiu do Canadá, mais precisamente da Universidade de British Columbia, em Vancouver. Ali, a professora Luciana Duranti desenvolveu um estudo profundo da diplomática e das possibilidades de integração dos seus princípios e conceitos aos da arquivologia. Com isso, acabou gerando o que ela mesma chama de "diplomática arquivística contemporânea". O trabalho de Duranti tem tido grande repercussão na comunidade arquivística internacional e enriquecido enormemente a literatura arquivística.

Documento arquivístico: considerações conceituais

Segundo Duranti e MacNeil (1996:47),

> Diplomática é um corpo de conceitos e métodos, originalmente desenvolvidos nos séculos XVII e XVIII, "com o objetivo de provar a fidedignidade e a

autenticidade dos documentos". Ao longo do tempo ela "evoluiu para um sistema sofisticado de ideias sobre a natureza dos documentos, sua origem e composição, suas relações com as ações e pessoas a eles conectados e com o seu contexto organizacional, social e legal".

A evolução da diplomática teria propiciado as condições para que dela emergisse, no século XIX, uma outra área do conhecimento, ou seja, a arquivologia, que, ainda segundo Duranti e MacNeil (1996:47), se constitui num "corpo de conceitos e métodos voltados para o estudo de documentos nos termos das suas relações documentária e funcional e do modo como são controlados e comunicados".

Em relação ao objeto da diplomática, este é identificado por Duranti (1998:5) como "o documento escrito, isto é, evidência que é produzida num suporte (...) por meio de um instrumento escrito (...) ou de um aparato para fixar dados, imagens e/ou vozes". Entretanto, Duranti (1998:42) alerta para o fato de que "o objeto da diplomática não é qualquer documento escrito, mas apenas o documento arquivístico." Ora, considerando que a arquivologia emergiu da diplomática e que o objeto da primeira também se constitui no documento arquivístico, qual seria a diferença entre essas duas áreas do conhecimento? Duranti e MacNeil (1996:47) respondem que enquanto a diplomática "estuda os documentos como entidades individuais", a arquivologia o faz enquanto "agregações". Em outras palavras, a diplomática lida com a unidade documental, isto é, com o documento arquivístico considerado isoladamente, ao passo que a arquivologia trata do conjunto de documentos orgânicos, ou seja, dos arquivos. Nesse momento, torna-se necessária a apresentação dos conceitos de arquivos e de documento arquivístico.

No Brasil, a Lei nº 8.159, de 8 de janeiro de 1991, que "Dispõe sobre a política nacional de arquivos públicos e privados e dá outras providências", apresenta no seu art. 2º, capítulo I, a seguinte definição de arquivos:

> conjuntos de documentos produzidos e recebidos por órgãos públicos, instituições de caráter público e entidades privadas, em decorrência do exercício de atividades específicas, bem como por pessoa física, qualquer que seja o suporte da informação ou a natureza dos documentos.

Em relação ao documento arquivístico, o Comitê de Documentos Eletrônicos do Conselho Internacional de Arquivos (CIA) o define como a informação registrada, independente da forma ou do suporte, produzida ou recebida no decorrer da atividade de uma instituição ou pessoa e que possui conteúdo, contexto e estrutura suficientes para servir de evidência dessa atividade (Committee on Electronic Records, 1997:22).

Em relação ao termo evidência, que aparece tanto no conceito de documento escrito como no de documento arquivístico aqui referidos, alguns esclarecimentos se fazem necessários.

Segundo Duranti (1998:5):

> O documento é definido como "evidência", como os diplomatas tradicionais fazem, porque a diplomática foi feita para olhar os documentos retrospectivamente, como fonte de prova de fatos que precisavam ser demonstrados. Entretanto, os mesmos diplomatas, quando definindo documentos em relação à sua natureza, determinada no momento da sua criação, e não com o propósito de crítica diplomática, os chamam de "instrumentos" (*instrumenta*, meios para executar ações), não de evidência".

Ainda segundo Duranti (1998:6), "evidência é uma relação entre um fato a ser provado e o fato que o prova. Assim, usa-se o último para apurar o primeiro. Na ausência de um fato a ser provado, não há nenhum fato que o prove, não há nenhuma evidência".

Duranti, então, procura deixar claro que o documento arquivístico é fonte de prova, e não prova em si. Para a autora, esse potencial probatório advém de algumas características do documento arquivístico, as quais Fonseca (1998:36) interpreta da seguinte maneira:

> • Autenticidade: a autenticidade está ligada ao processo de criação, manutenção e custódia; os documentos são produto de rotinas processuais que visam ao cumprimento de determinada função, ou consecução de alguma atividade, e são autênticos quando criados e conservados de acordo com procedimentos regulares que podem ser comprovados, a partir de rotinas estabelecidas.
>
> • Naturalidade: os registros arquivísticos não são coletados artificialmente, mas acumulados de modo natural nas administrações, em função dos seus objetivos práticos; os registros arquivísticos se acumulam de maneira contínua e progressiva, como sedimentos de estratificações geológicas, e isto os dota de um elemento de coesão espontânea, embora estruturada (organicidade).

• Inter-relacionamento: os documentos estabelecem relações no decorrer do andamento das transações para as quais foram criados; eles estão ligados por um elo que é criado no momento em que são produzidos ou recebidos, que é determinado pela razão de sua criação e que é necessário à sua própria existência, à sua capacidade de cumprir seu objetivo, ao seu significado e à sua autenticidade; registros arquivísticos são um conjunto indivisível de relações.

• Unicidade: cada registro documental assume um lugar único na estrutura documental do grupo ao qual pertence; cópias de um registro podem existir em um ou mais grupos de documentos, mas cada cópia é única em seu lugar, porque o complexo de suas relações com os demais registros do grupo é sempre único.

Em mensagem eletrônica enviada em 4 de dezembro de 2000, Duranti reforça sua posição ao argumentar o seguinte:

> Se um documento é gerado como um meio ou instrumento de ação no curso usual e ordinário dos negócios, ele tem as cinco características de naturalidade, imparcialidade, autenticidade, inter-relacionamento e unicidade no contexto, as quais o tornam a melhor fonte de evidência. Documentos não são gerados como evidência. Se o fossem, não poderiam ser usados como evidência. É seu caráter involuntário, o fato de serem subprodutos, resíduos, mais do que produtos, seu propósito, objetivo, que garante sua credibilidade como evidência.

Na mesma linha de Duranti, MacNeil chama atenção para a "verdade documentária", ou seja, a verdade que provém do documento em si, dos elementos que o compõem. Nesse sentido, MacNeil (2000:22) considera que os métodos de avaliação da veracidade de um documento, anteriores ao método da diplomática,

> repousavam em evidência externa, isto é, evidência derivada de circunstâncias ou de considerações fora do documento ([...] testemunhas, autoridades); os diplomatas, ao contrário, repousavam em evidência interna (evidência embutida na forma física e intelectual do documento).

Na verdade, a diplomática dá ao termo "evidência" um significado bastante específico, qual seja o de "inferência", sobre o que MacNeil (2000:22) apresenta a seguinte explicação:

> As regras da crítica textual enunciadas no tratado de Mabillon (...) refletem a nova concepção de evidência como inferência (...) A análise diplomática traduzia um documento para um sistema de sinais ou traços externos que apontavam para uma realidade além deles mesmos (...) Movendo-se da observação de fatos perceptíveis (os elementos do próprio documento) para afirmações sobre fatos imperceptíveis (o passado no qual o documento foi criado), a metodologia diplomática transformava fatos escritos em fontes históricas e nutria a crença de que o conhecimento sobre um passado para o qual não havia nenhum acesso direto podia, não obstante, ser alcançado pelo exame dos seus traços documentários.

Portanto, pode-se deduzir que a noção de documento arquivístico como fonte de prova advém da diplomática.

Neste momento, consideramos importante salientar que o termo "prova" foi adotado neste livro como tradução do inglês *evidence* por se tratar de um vocábulo mais comumente utilizado na língua portuguesa do que o seu sinônimo "evidência", o qual, na mesma linha das considerações aqui apresentadas, é definido pelo *Dicionário Houaiss da língua portuguesa* como "aquilo que indica, com probabilidade, a existência de algo; indicação, indício, sinal, traço" (Houaiss, 2001:1.278).

Uma outra concepção sobre o conceito de documento arquivístico define-o como transações registradas[7] e suscita divergências originárias das diferentes acepções sobre o conceito de transações.

Segundo Bearman (1996):

> Transações (trans-ações), por definição, são ações comunicadas de uma pessoa para outra, de uma pessoa para um estoque de informação (...) e então disponíveis para uma outra pessoa mais tarde, ou comunicações de um estoque de informação para uma pessoa ou um outro computador.

Já Duranti (1998:169), com base na diplomática, define transação como

> um ato ou vários atos interconectados nos quais mais de uma pessoa é envolvida e pelos quais as relações dessas pessoas são alteradas. Isso significa que para haver uma transação, não é suficiente haver uma comunicação, mas é necessário que tal comunicação crie, modifique, mantenha ou extinga

---

[7] Definição que, segundo Duranti (1998:12), encontra-se no relatório apresentado pelo Comitê Consultivo das Nações Unidas para a Coordenação de Sistemas de Informação, em 1989.

uma relação com outras pessoas. Se ela é feita apenas com o propósito de ver a informação, acessar a base de dados, não é uma transação e não produz documentos arquivísticos oficiais (...). Se, ao contrário, uma base de dados é acessada como parte do processo de executar uma transação, esta ação pode produzir documentos arquivísticos oficiais.

Para Duranti (1998), a ideia de que transação é qualquer forma de comunicação com uma base de dados advém da ciência da computação, e foi adotada pelos profissionais de arquivo que lidam com sistemas eletrônicos de informação. Entretanto, a autora adverte que "os arquivistas devem ser rigorosos no uso da sua terminologia" (Duranti, 1998:168). É com base nesse rigor que Duranti rejeita o termo transação no conceito de documento arquivístico.

Já Richard Cox (1995b) considera que o conceito de documento arquivístico começou a ser delineado no século XIX e chegou à metade do século XX com uma clara definição que envolvia transação e prova.

Segundo o autor (Cox, 1995b),

> O Manual dos Arquivistas Holandeses, de 1898, (...) discutiu a natureza "orgânica" dos documentos arquivísticos (...) e seu papel como prova organizacional. A arquivista inglesa Hilary Jenkinson (...) fez do assunto "transação administrativa ou executiva" a pedra fundamental do conceito de documento arquivístico e uma das noções básicas de arquivo. Margareth Cross Norton (...) enfatizou o mesmo grau de preocupação com transações e prova.

Finalmente, Cox (1995b) apresenta a definição de documento arquivístico de Schellenberg, a qual também fala em transação e prova:

> Todos os livros, papéis, mapas, fotografias ou outros materiais documentários, independentemente da forma física ou característica, feitos ou recebidos por qualquer instituição pública ou privada, no exercício de suas obrigações legais, ou em conexão com a transação dos seus próprios negócios, e preservados (...) por aquela instituição ou por seu legítimo sucessor, como prova de suas funções, políticas, decisões, procedimentos, operações, ou outras atividades, ou por causa do valor dos dados ali contidos.

Apesar da afirmação de Cox de que o conceito de documento arquivístico chegou ao século XX devidamente solidificado, verifica-se uma grande efervescência em torno desse tema a partir da segunda metade daquele mesmo século, sobre o que Duff (1996a) apresenta a seguinte explicação:

> A tentativa atual de esclarecer o conceito de documento arquivístico se origina de uma necessidade de identificar documentos arquivísticos num sistema de informação automático. Como os escritórios se movem de um mundo manual, baseado no papel, para um ambiente eletrônico, a prova das atividades anteriores e das transações se evaporam como aconteceu com a sociedade anteriormente à escrita.

De fato, desde o advento do documento eletrônico o conceito de documento arquivístico tem sido bastante revisto. Nesse processo de revisão, há que ressaltar que o foco tem sido no conceito de documento arquivístico perante a Tecnologia da Informação, e não no documento eletrônico em si. Isso porque, em que pese às suas peculiaridades, o documento em suporte magnético ou óptico, gerado no decorrer das atividades de uma instituição ou pessoa, também se constitui num registro arquivístico. Nesse sentido, chamamos a atenção para a definição do Comitê sobre Documentos Eletrônicos do CIA, segundo a qual "um documento arquivístico eletrônico é um *documento arquivístico* (grifo nosso) sujeito à manipulação, transmissão ou processamento por um computador digital" (Committee on Electronic Records, 1997:23).

Assim sendo, podemos afirmar que a Tecnologia da Informação tem gerado um movimento de revisitação dos preceitos da arquivologia que muito tem contribuído para a dinamização do processo de construção dos estatutos epistemológicos dessa área do conhecimento.

Fragmentação do ato jurídico, burocracia weberiana e tecnologia da informação

Em seus estudos sobre os princípios e conceitos da diplomática à luz da burocracia moderna, Duranti descobriu que os elementos identificados pelos primeiros diplomatas como necessários à criação de um documento – a saber, sistema jurídico,[8] ato, pessoas, procedimentos e forma documentária (que reúne todos esses elementos e mostra suas relações) – são tão importantes para os documentos contemporâneos quanto o eram para os

---

[8] Segundo Duranti (1998:61), um sistema jurídico é uma coletividade organizada com base num sistema de regras. O sistema de regras é chamado de sistema legal.

documentos medievais, apenas se manifestam de maneira diferente. Para Duranti, o que realmente distingue as práticas documentais do período medieval das práticas dos dias de hoje é a quantidade de documentos e a maneira complexa com que são produzidos.

Na Idade Média, a maior parte dos documentos era originária de um ato jurídico e possuía uma forma escrita exigida. Por ato jurídico entende-se uma conduta humana determinada pela vontade, cujo efeito é reconhecido pelo sistema jurídico vigente. Mesmo que essa vontade determinante do ato envolvesse mais de uma pessoa, apenas um documento era emitido, embora pudesse ser copiado muitas vezes. Assim, durante o período medieval os diplomatas identificavam apenas duas categorias de documentos, levando em conta o propósito da sua forma escrita: documentos dispositivos e probatórios, também chamados documentos legais. Segundo Duranti (1998:65-6):

> Se o propósito da forma escrita era trazer à existência um ato cujos efeitos eram determinados pela escrita em si (...), o documento era chamado dispositivo. Exemplos são contratos e testamentos. Se o propósito da forma escrita era produzir prova de um ato que veio a existir e era completo antes de ser manifestado por escrito, o documento era chamado probativo. Exemplos são certificados e recibos. No caso de documentos dispositivos, a forma escrita exigida para a existência do ato era definida *ad substantiam*; no caso de documentos probativos, a forma exigida para fornecer prova do ato era definida *ad probationem*.

As transformações ocorridas no século XVI mudaram essa realidade. O aumento dos negócios e da burocracia, a disseminação da educação, o desenvolvimento do sistema de comunicação, o progresso, enfim, tiveram duas consequências: as pessoas passaram a criar documentos para comunicar pensamentos, sentimentos, opiniões e, com isso, houve um grande aumento da quantidade de documentos escritos, oriundos de atos jurídicos e com uma forma escrita exigida; os atos jurídicos definidos como transações começaram a resultar da combinação de atos relacionados, jurídicos e não jurídicos, que levavam à criação de vários documentos sobre o mesmo ato.

Hoje, essas consequências se manifestam desdobradas em mais duas. A primeira se refere à categorização dos documentos não mais de acordo com o propósito da sua forma escrita, mas sim em relação à sua função. Na verdade, as duas categorias anteriormente identificadas, isto é, documento dispositivo e documento probativo, não são suficientes para abarcar a diversidade de documentos gerados pela burocracia moderna, os quais possuem uma forma escrita arbitrária. Assim, para dar conta dessa diversidade os diplomatas modernos passaram a identificar duas novas categorias documentais. Segundo Duranti (1998:68):

> A primeira inclui os documentos que constituem prova escrita de uma atividade que não resulta em um ato jurídico mas é juridicamente relevante. Nós os chamamos de documentos de apoio. A segunda inclui os documentos que constituem prova escrita de uma atividade a qual é juridicamente irrelevante. Nós os chamamos de documentos narrativos.

A segunda consequência se refere à fragmentação de atos jurídicos em muitos outros, jurídicos e não jurídicos, que resultam em documentos escritos. A causa dessa nova realidade é o crescimento da burocracia e sua estreita relação com a produção de documentos. A partir de agora a relação entre o documento e o ato que o gerou deixa de ser predominantemente bilateral. Esse tipo de relação era característico da Idade Média, em que o pequeno número de documentos permitia aos diplomatas irem direto do documento ao fato ou ato correspondente. Segundo Duranti, a metodologia dos primeiros diplomatas "pressupunha que havia uma relação bilateral entre cada documento e o fato ao qual se refere, de maneira que se um fato (A) é manifestado em uma forma escrita, o documento dele resultante, (B), nos guiará diretamente ao fato: A-B-A" (Duranti, 1998:79).

Hoje, a relação entre a diplomática e os documentos criados pela burocracia é multilateral, ou seja, o fato ou ato se manifesta numa forma documental de maneira que, segundo Duranti (1998:80), "cada documento nos guia não apenas a uma pequena porção do fato ao qual se refere, mas, possivelmente, a uma cadeia de outros documentos e/ou fatos".

A partir dessas considerações, MacNeil (2000:89) conclui que "com documentos modernos, além do compromisso que liga o documento ao ato que o produziu, há um compromisso essencial ligando cada documento a um outro que participa do mesmo assunto".

Trata-se, enfim, do chamado dossiê, o qual, em detrimento do documento individual, se tornou a unidade básica da burocracia contemporânea.

O modelo burocrático de organização que persiste até hoje foi adotado pelas instituições públicas e privadas na Europa do século XIX.

A burocracia é definida por Weber como uma estrutura administrativa por meio da qual o tipo de domínio legal[9] é exercido. Segundo Weber (1971:229-30), a burocracia apresenta as seguintes características:

> I – Rege o princípio de áreas de jurisdição fixas e oficiais, ordenadas de acordo com regulamentos, ou seja, por leis ou normas administrativas.
>
> II – Os princípios da hierarquia dos postos e dos níveis de autoridades significam um sistema firmemente ordenado de mando e subordinação, no qual há uma supervisão dos postos inferiores pelos superiores.
>
> III – A administração de um cargo moderno se baseia em documentos escritos ("os arquivos"), preservados em sua forma original ou em esboço. Há, porém, um quadro de funcionários e escreventes subalternos de todos os tipos. O quadro de funcionários que ocupam ativamente um cargo "público", juntamente com seus arquivos de documentos e expedientes, constitui uma repartição. Na empresa privada, a repartição é frequentemente chamada de "escritório".

Weber (1971:229-30) considera ainda que "em princípio, a organização moderna do serviço público separa a repartição do domicílio privado do funcionário e, em geral, a burocracia segrega a atividade oficial como algo distinto da esfera da vida privada".

É exatamente toda essa ordem burocrática que Bearman (1992:169) considera abalada pelo que ele denominou "revolução da informação eletrônica" e que, a seu ver, apresenta dois desafios:

> 1) ameaça transformar a estrutura relativamente estável das organizações burocráticas, substituindo-a por outra ainda incipiente;
>
> 2) conduz a novas práticas de comunicação e a novos tipos de documentos cujos perfis são igualmente obscuros.

Na verdade, para Bearman a burocracia que, em maior ou menor grau, rege o funcionamento das instituições em todo o mundo tem sido bastante

---

[9] Segundo Girglioli (apud Jardim, 1994:46), o domínio legal se caracteriza pela "existência de normas legais formais e abstratas às quais estão vinculados o detentor (ou detentores), o aparelho administrativo e os dominados".

afetada pelas novas formas de comunicação. Para ele, a tecnologia recria a capacidade comunicacional das instituições, isto é, torna-as acessíveis 24 horas por dia e esvazia os trâmites inerentes às posições hierárquicas. As mensagens têm um grau de informalidade que compromete o referencial contextual do documento. Os sistemas eletrônicos integrados de informação permitem a criação de "documentos dinâmicos", isto é, de documentos cujo conteúdo está sempre mudando. Por tudo isso, Bearman identifica na tecnologia da informação um certo "potencial anarquista" que desafia as instituições contemporâneas a utilizá-lo em seu próprio benefício. Para tanto, há que se conhecer profundamente os elementos constitutivos do documento eletrônico arquivístico.

Análise diplomática do documento eletrônico arquivístico

Exatamente como os documentos arquivísticos convencionais, os eletrônicos se constituem em elementos que podem ser identificados e avaliados por meio da análise diplomática. Tal análise, segundo MacNeil (2000:90), consiste em um "processo de abstração e de sistematização cujo objetivo é identificar os atributos essenciais ou 'ideais' de um documento e transportá-los para diferentes contextos históricos e documentários".

Para Duranti e MacNeil (1996:49):

> No coração da diplomática jaz a ideia de que todos os documentos podem ser analisados, entendidos e avaliados em termos de um sistema de elementos formais que são universais na sua aplicação e descontextualizados em natureza. Isso implica que os documentos podem e devem ser identificados por seus constituintes formais e não pela informação que transmitem.

A descontextualização a que as autoras se referem diz respeito à característica do método diplomático de isolar os elementos formais de um documento e analisá-los separadamente, independentemente do contexto social e temporal em que foram criados.

Desse modo, assim como a descontextualização e a universalização dos componentes de um documento permitiam aos primeiros diplomatas reconhecer e avaliar documentos de séculos anteriores, criados em sistemas jurídicos diferentes e às vezes confusos, esse mesmo método pode auxiliar os arquivistas de hoje a analisar os documentos eletrônicos criados num ambiente tecnológico igualmente diversificado e confuso.

A análise diplomática de um documento arquivístico pressupõe uma relação entre a palavra e o mundo, o que significa buscar entender o mundo por meio do documento. Para tanto, é preciso decompor esse documento nos seus elementos constitutivos. Foi o que os primeiros diplomatas perceberam e, segundo Duranti (apud MacNeil, 2000:91):

> Ao procederem assim, eles descobriram que um documento é um todo composto de grupos de elementos inter-relacionados mas muito diferentes, e isolaram esses grupos com o objetivo de analisá-los. Alguns desses elementos pertenciam àquilo a que o documento se referia, o que era denominado *fato*, outros à constituição física e intelectual do documento, o que era denominado *forma*, e ainda outros ao procedimento que trazia o fato para o documento, o que era denominado *documentação*.

Hoje, documentos convencionais e eletrônicos apresentam os mesmos elementos constitutivos dos documentos estudados pelos primeiros diplomatas, sendo apenas um pouco mais elaborados. Assim, os documentos contemporâneos, aqui destacadamente os eletrônicos, possuem os elementos apresentados a seguir.

Suporte

É o "carregador" físico do documento e, como tal, imprescindível, uma vez que o documento não existe até que seja afixado num suporte. No caso dos documentos convencionais, o suporte papel e o conteúdo que carrega são inseparáveis. Já em relação ao documento eletrônico, o suporte (magnético ou óptico) é uma parte física separada do conteúdo. Trata-se de uma característica diferenciadora desse tipo de documento que, ao contrário dos documentos convencionais, não tem no suporte um elemento significativo, mas um mero carregador físico. Assim, a cada reprodução de um documento eletrônico em que o único elemento que muda é o suporte esse documento continua sendo idêntico ao que foi reproduzido.

Conteúdo

É a mensagem transmitida pelo documento. Conforme dito anteriormente, para existir o documento arquivístico tem que estar afixado num suporte. Isso quer dizer que dados contidos em bases de dados dinâmicas, isto é, que mudam constantemente, não podem ser considerados documentos arquivísticos. Para tanto, esses dados teriam que ser reunidos e seu conteúdo, devidamente articulado, fixado num suporte.

Forma (ou estrutura)

Trata-se de regras de representação do conteúdo do documento arquivístico, as quais se manifestam na sua *forma física e intelectual*.

A forma física consiste em atributos presentes no documento arquivístico que determinam a sua forma externa. No caso do documento arquivístico eletrônico, esses atributos são: o texto propriamente dito, isto é, tipo e tamanho da fonte, formato, cores; idioma; sinais especiais, como, por exemplo, o símbolo indicando a existência de anexos ou a logomarca da instituição; selos, como, por exemplo, assinatura digital; e mais todo o contexto tecnológico que permeia o documento, o qual é invisível e desinteressante para o usuário. Diferentemente do suporte, os atributos físicos de um documento arquivístico eletrônico se constituem em elementos significativos, ou seja, qualquer alteração em um deles gera um documento diferente.

A forma intelectual consiste em atributos que representam e comunicam tanto os elementos da ação que gera o documento arquivístico como seu contexto administrativo e documentário. No caso de documentos arquivísticos eletrônicos, esses atributos são: configuração da informação, ou seja, tipo de representação do conteúdo (textual, gráfica, imagética, sonora ou todas juntas); articulação do conteúdo, isto é, refere-se aos elementos do discurso, tais como saudação, data, exposição do assunto, bem como ao arranjo desses elementos no documento; anotações, refere-se aos acréscimos feitos ao documento ao longo das diferentes fases da ação que o gera. Assim, a autenticação de uma assinatura é um acréscimo feito na fase de execução do procedimento; acréscimos como "urgente, arquive-se, de acordo" correspondem à fase de tramitação do documento. Finalmente, acréscimos como código de classificação e protocolo correspondem à fase de gerenciamento arquivístico do documento.

Ação

O componente central de um documento arquivístico é o ato ou ação que o origina. Segundo MacNeil (2000:93), "uma ação é qualquer exercício da vontade que visa criar, mudar, manter ou extinguir situações". A diplomática estabelece as seguintes categorias de documentos de acordo com as ações que os geram:

- *documento dispositivo* – é aquele cuja forma escrita, exigida pelo sistema jurídico, configura a existência do ato; por exemplo, um contrato celebrando um convênio;
- *documento probativo* – é aquele cuja forma escrita, exigida pelo sistema jurídico, configura prova de que um ato aconteceu de fato; por exemplo, uma certidão de nascimento;
- *documento de apoio* – é aquele criado no curso de uma atividade como simples apoio dessa atividade; por exemplo, um memorando solicitando a compra de um equipamento;
- *documento narrativo* – é aquele que serve de memória de uma ação, mas não participa diretamente do seu desenvolvimento; por exemplo, anotações diárias de um funcionário sobre determinada atividade por ele desempenhada.

Pessoas

Consistem em agentes geradores do documento. Trata-se, então, de entidades físicas e jurídicas que atuam por meio do documento. Segundo a diplomática tradicional, apenas três pessoas são necessárias para a criação de um documento: o autor (autoridade competente para criar o documento); o destinatário (pessoa à qual o documento se destina); o escritor (pessoa autorizada a redigir o documento). No caso do documento eletrônico, é preciso que haja mais duas pessoas: o criador, isto é, a pessoa jurídica que se constitui no fundo arquivístico ao qual o documento pertence e que é fundamental para a preservação da proveniência do documento; e o originador, ou seja, o proprietário do endereço eletrônico ou espaço eletrônico a partir do qual o documento é transmitido, ou ainda compilado e salvo, no caso de essa pessoa ser diferente do autor ou escritor do documento.

Relação orgânica

Trata-se de um princípio muito caro à arquivologia, segundo o qual o documento arquivístico se constitui num complexo de documentos que se inter-relacionam. Na relação orgânica, cada documento está ligado ao anterior e ao subsequente na medida em que resulta de uma mesma atividade, constituindo o que vem sendo chamado de "compromisso arquivístico". A relação orgânica se manifesta no arranjo físico, no protocolo e no código de classificação de documentos, o qual torna explícita a relação entre o documento e a ação que o gera. Por tudo isso, o princípio da relação orgânica precisa ser definido como parte integrante dos sistemas eletrônicos de documentos.

Contexto

É o elemento que se traduz no ambiente no qual a ação geradora do documento acontece. O elemento contextual se subdivide em quatro: contexto *jurídico-administrativo*, isto é, o sistema legal e organizacional ao qual a instituição criadora do documento pertence; *contexto de proveniência*, referindo-se à instituição em si, sua missão, estrutura organizacional e funções; *contexto de procedimentos*, ou seja, ações preestabelecidas ao longo das quais o documento é gerado; *contexto documentário*, que se refere ao documento com todos os seus elementos constitutivos.

Como já se viu, documentos convencionais e eletrônicos possuem os mesmos componentes. Entretanto, nestes últimos tais componentes não se encontram reunidos de maneira inseparável, ao contrário, são armazenados e gerenciados separadamente, como *metadados*.

Metadados como elementos da análise diplomática do documento eletrônico arquivístico

O termo *metadado* foi cunhado pela tecnologia da informação para designar as informações necessárias para dar significado aos dados armazenados num sistema de computador.

Segundo o *Dicionário Houaiss da língua portuguesa*, o prefixo meta vem do grego *metá* e significa *"no meio de, entre; atrás, em seguida, depois"* (Houaiss, 2001:1996), daí a definição de metadados como "dado sobre o dado", adotada no ambiente tecnológico.

A imprecisão de tal definição tornou o termo tão flexível que passou a ser empregado para designar qualquer forma de dado sobre o dado. Assim, consagrados instrumentos de representação da informação, como inventários, catálogos, índices etc., que sempre foram elaborados por arquivistas, bibliotecários e museólogos, passaram a ser vistos como metadados, estivessem eles em versão computadorizada ou não.

Atualmente, um grande número de metadados, elaborados por arquivistas e bibliotecários, encontra-se à disposição do público em geral. Alguns exemplos são: University of British Columbia Templates for Electronic Records; University of Pittsburgh Metadata Specifications for Evidence in Electronic Recordkeeping; AGLS – Australian Government Locator Service; ISAD (G) – International Standard for Archival Description (General); AACR2 – Anglo-American Cataloguing Rules, 2nd edition; DC – Dublin Core.

Ainda sobre a imprecisão do termo metadado, Ikematu (2001) considera que "sua própria definição não é um consenso, gerando alguma confusão". Ikematu (2001), a título de ilustração, apresenta as seguintes definições:

- Metadados são dados que descrevem atributos de um recurso. Eles suportam um número de funções: localização, descoberta, documentação, avaliação, seleção etc.

- Metadados fornecem o contexto para entender os dados através do tempo.

- Metadado é dado associado com objetos que ajuda seus usuários potenciais a ter vantagem completa do conhecimento de sua existência ou características.

- Metadado é o instrumental para transformar dados brutos em conhecimento.

Em relação aos arquivistas, especificamente, segundo Mackemmish (1998), o termo metadado começou a aparecer na literatura arquivística por volta de 1995,

> quando pessoas como David Bearman começaram a instar os arquivistas a usar a capacidade de autodocumentação (geração de metadados) dos sistemas eletrônicos de gerenciamento arquivístico de documentos (...) para garantir a documentabilidade dos documentos eletrônicos.

Hoje, o conceito de metadado foi totalmente assimilado pela arquivologia, sendo o mesmo considerado elemento fundamental para a garantia da capacidade testemunhal do documento eletrônico arquivístico.

MacNeil (2000:96) distingue duas categorias de metadados:

> A primeira categoria, *metadados do sistema eletrônico*, consiste em dados que descrevem o sistema operacional, o programa que gera os documentos, a localização física dos documentos no sistema eletrônico (...) A segunda categoria, *metadados dos documentos*, por outro lado, consiste em dados que colocam o documento dentro do seu contexto documentário e administrativo no momento da sua criação (...) Em alguns sistemas eletrônicos, tais dados são armazenados no dicionário de dados; em outros são reunidos num perfil do documento anexado ao documento arquivístico.

Em termos da análise diplomática, o chamado *perfil do documento* (ou metadado) é considerado uma *anotação* e, portanto, compõe a forma intelectual do documento arquivístico. Trata-se de um conjunto de informações anexadas ao documento eletrônico no momento em que o sistema recebe uma ordem para enviá-lo ou salvá-lo. Seu objetivo é identificar o documento individualmente e estabelecer a sua relação com os demais documentos integrantes do dossiê.

O perfil do documento inclui os seguintes elementos, que variam de acordo com o fato de se tratar de documentos produzidos ou recebidos:

- data do documento;
- data e hora da transmissão;
- data e hora do recebimento;
- nome e endereço do autor;
- nome e endereço do escritor;
- nome e endereço do destinatário;
- nome e endereço do originador;
- data arquivística, ou seja, data em que o documento passa a fazer parte de um dossiê;
- assunto;
- código de classificação;
- modo de transmissão;
- *status* de transmissão (original, cópia, minuta);
- número de anexos;
- tipo de arquivo do anexo (Word, Excel etc.).

Metadados, portanto, se constituem em componentes do documento eletrônico arquivístico e em instrumentos para sua análise diplomática. É através do domínio desse tipo de análise que será possível estabelecer métodos que garantam a fidedignidade e a autenticidade do documento eletrônico arquivístico. Entretanto, antes de se proceder ao estudo desses conceitos é preciso explicar que tanto a decomposição analítica dos documentos arquivísticos, como os mecanismos de garantia da sua integridade, pressupõem uma estrutura de procedimentos que gera outros metadados e que se constitui no chamado *sistema de gerenciamento arquivístico de documentos*.

Antes de passarmos ao tema aqui referido, há que ressaltar que as características do documento eletrônico, comparativamente ao documento convencional, abordadas neste item e no anterior, podem ser mais bem-estudadas no anexo 3.

Sistema de gerenciamento arquivístico de documentos

Segundo Bearman (1993:17), um sistema "consiste em componentes interdependentes organizados para alcançar um fim". O mesmo autor (1993:17) define sistema de gerenciamento arquivístico de documentos como sistemas "organizados para cumprir com as funções específicas de criar, armazenar e acessar documentos arquivísticos para fins de prova". Para Bearman (1993-17), apesar de tais sistemas serem capazes de recuperar informações para fins de pesquisa, os mesmos são projetados para atender à instituição, não aos pesquisadores, ou seja, "são otimizados para apoiar negócios e transações da organização criadora mais do que para recuperar informação de um modo geral".

Sobre a diferença entre sistema de gerenciamento arquivístico de documentos e sistema de informação, Bearman (1993:17) considera que:

> Sistemas de gerenciamento arquivístico de documentos mantêm e apoiam a recuperação de documentos arquivísticos, enquanto sistemas de informação armazenam e fornecem acesso à informação. Sistemas de gerenciamento arquivístico de documentos são diferenciados de sistemas de informação, dentro das organizações, pelo papel que desempenham em fornecer às organizações prova de transações.

Para Duranti e MacNeil (1996:48-9), um *sistema de gerenciamento arquivístico de documentos* integra um todo chamado *sistema de documentos arquivísticos*, do qual também faz parte o *sistema de preservação de documentos*. Assim, para as autoras:

> Um sistema de gerenciamento arquivístico de documentos compreende um conjunto de regras internamente consistentes que governam a elaboração, o recebimento, a retenção e o manuseio de documentos arquivísticos correntes[10] e intermediários,[11] no curso usual e ordinário dos negócios do criador, e as ferramentas e mecanismos usados para implementá-las.

Já o sistema de preservação de documentos arquivísticos é definido pelas mesmas autoras (1996:48-9) como

> um conjunto de regras internamente consistentes que governam a manutenção física e intelectual, pelo criador, de documentos arquivísticos intermediários e permanentes,[12] ao longo do tempo, e as ferramentas e os mecanismos necessários para implementá-las.

Observe-se uma diferença na concepção de sistema de gerenciamento arquivístico de documentos entre Bearman e as autoras Duranti e MacNeil, uma vez que estas últimas apresentam-no dividido em fases. Trata-se de uma divergência conceitual, que advém de uma outra, a que se refere à aplicação do conceito de ciclo vital aos documentos eletrônicos arquivísticos. Enquanto para Bearman o gerenciamento arquivístico de documentos em suporte magnético ou óptico é incompatível com esse conceito, a seu ver estanque, Duranti e MacNeil consideram-no válido também para os documentos gerados pela tecnologia da informação. Na verdade, essa divergência envolve o questionamento de outros conceitos arquivísticos que serão analisados oportunamente.

No que se refere à implantação de sistemas de gerenciamento arquivístico de documentos, a comunidade arquivística internacional vem desenvolvendo uma série de iniciativas, aplicáveis tanto em ambientes convencionais e eletrônicos como em ambientes híbridos, isto é, aqueles

---

[10] Segundo Paes (1994:24), arquivo corrente é o "conjunto de documentos em curso ou de uso frequente".
[11] Para Paes (id.), arquivo intermediário é o "conjunto de documentos procedentes de arquivos correntes, que aguardam destinação final".
[12] Segundo Paes (id.), arquivo permanente é o "conjunto de documentos que são preservados, respeitada a destinação estabelecida, em decorrência do seu valor probatório e informativo".

em que documentos em suporte magnético ou óptico convivem com documentos em suporte papel.

A concepção sobre as bases teóricas e práticas que permeiam um sistema de gerenciamento arquivístico de documentos, ou mais precisamente, de um *sistema eletrônico de gerenciamento arquivístico de documentos eletrônicos*, apresenta variações dentro dos estudos desenvolvidos pela comunidade arquivística internacional. Entretanto, há um consenso no que se refere à importância da implantação desse tipo de controle documental. A comunidade arquivística internacional reconhece o sistema de gerenciamento arquivístico de documentos como um instrumento capaz de garantir a criação e a manutenção de documentos eletrônicos confiáveis ou, segundo a diplomática arquivística contemporânea preconizada por Duranti, de documentos eletrônicos arquivísticos fidedignos e autênticos.

Os conceitos de fidedignidade e de autenticidade do documento eletrônico arquivístico

Segundo Duranti (1998:42), documento arquivístico é "um documento criado ou recebido por uma pessoa física ou jurídica no curso de uma atividade prática". Com base nesse conceito, a autora considera que o documento arquivístico é partícipe da ação que o gera, logo se constitui em fonte de prova dessa ação, fonte essa cujo valor depende da fidedignidade do documento.

Segundo MacNeil (2000:100), do ponto de vista diplomático, fidedignidade é "a capacidade de um documento arquivístico sustentar os fatos que atesta". Está relacionada ao momento da criação do documento e, portanto, refere-se ao grau de completude da sua forma intelectual e de controle dos seus procedimentos de criação.

Em relação ao grau de completude da forma intelectual, observa-se que enquanto nos documentos convencionais elementos como data e assinatura são considerados suficientes para que os mesmos sejam considerados completos, o mesmo não acontece com os documentos eletrônicos, os quais precisam de complementos. Assim, à data do documento faz-se necessário acrescentar a hora da sua transmissão aos destinatários, externos ou internos, e ao dossiê ao qual pertence. Da mesma maneira, em relação à assinatura, a facilidade de esta ser digitada por qualquer pessoa torna-a frágil como elemento de completude. É preciso, então, que seja reforçada pelo acréscimo automático, feito pelo sistema, do nome do autor no cabeçalho do documento, ou ainda por meio de uma assinatura eletrônica[13] ou digital.[14] Portanto, do ponto de vista da diplomática, para ser completo e, consequentemente, fidedigno, um documento eletrônico tem que apresentar um conjunto de elementos que, segundo MacNeil (2000:100), são os seguintes:

> Data do documento, hora e lugar da criação, transmissão e recebimento, identificação dos nomes do autor, destinatário e escritor (se cada um ou ambos forem diferentes do autor), nome (ou timbre) do criador, título ou assunto, código de classificação e qualquer outro elemento exigido pelos procedimentos do criador e/ou sistema jurídico.

Lembramos que tais elementos aparecem *também* no perfil do documento, quando então, acrescentados de outros, se constituem em metadados.

Como já se viu antes, o grau de controle dos procedimentos de criação de um documento eletrônico arquivístico também se constitui em elemento de fidedignidade desse documento. Considerando que tais procedimentos envolvem o controle do documento desde a sua criação até sua destinação final, concluímos que se trata do próprio sistema de gerenciamento arquivístico de documentos, sobre o qual Duranti (1995:6) afirma que "quanto mais rigorosas e detalhadas forem as regras, quanto mais estabelecida a rotina, mais fidedignos serão os documentos resultantes de sua aplicação".

A idoneidade de um sistema eletrônico de gerenciamento arquivístico é garantida por dois métodos: um referente à prevenção e outro à verificação. O primeiro inclui limitação de acesso à tecnologia que envolve o sistema e definição de regras de *workflow*.[15] A limitação de acesso consiste na criação de privilégios de acesso por meio de senhas, cartões magnéticos, impressões digitais etc. As regras de *workflow* definem o que será feito e como será

---

[13] Segundo MacNeil (2000:100), assinatura eletrônica é a compilação, por computador, "de qualquer símbolo ou séries de símbolos executados, adotados ou autorizados por um indivíduo para ser o laço legalmente equivalente à assinatura manual do indivíduo".
[14] Segundo MacNeil (id.), assinatura digital "é um tipo especial de assinatura eletrônica, baseada em métodos criptográficos de autenticação do originador, computados pelo uso de um conjunto de regras e de parâmetros de maneira que a identidade de quem assina e a integridade do dado possam ser verificadas.
[15] Segundo Sawaya (1999:515), *workflow* é "o conjunto de regras formais que são definidas para melhorar a eficiência de um processo específico".

feito, de tal maneira que procedimentos administrativos e documentários estejam integrados.

Quanto ao método de verificação, este consiste no estabelecimento de uma trilha de auditoria, ou seja, de um mecanismo que permite registrar todas as intervenções feitas no documento, as quais incluem modificar, apagar, acrescentar ou simplesmente ver o documento. Nesse sentido, o método de verificação se constitui também em garantia de autenticidade do documento arquivístico.

Segundo Duranti (1995:45), há diferenças conceituais entre a *autenticidade legal*, a *autenticidade diplomática* e a *autenticidade histórica*. Para a autora:

> Documentos legalmente autênticos são aqueles que dão testemunho sobre si mesmos devido à intervenção, durante ou após sua criação, de uma autoridade pública representativa, garantindo sua genuinidade. Documentos diplomaticamente autênticos são aqueles que foram escritos de acordo com a prática do tempo e do lugar indicados no texto e assinados com o(s) nome(s) da(s) pessoa(s) competente(s) para criá-los. Documentos historicamente autênticos são aqueles que atestam eventos que verdadeiramente aconteceram ou informação verdadeira.

Duranti (1995:46) esclarece que os tipos de autenticidade aqui descritos são totalmente independentes um do outro, de tal maneira que

> um documento não atestado por uma autoridade pode ser diplomática e historicamente autêntico, mas sempre será legalmente inautêntico. Um breve papal que não contém a expressão "*datum...sub anulo piscatoris*" pode ser legalmente e historicamente autêntico, mas é diplomaticamente inautêntico. Um certificado emitido por uma autoridade pública dentro das regras burocráticas, mas com informação que não corresponde à realidade, é legal e diplomaticamente autêntico, mas historicamente falso.

Uma vez estabelecidas essas diferenças, passemos ao conceito de autenticidade do ponto de vista da diplomática.

Segundo MacNeil (2000:102), autenticidade é "a capacidade de se provar que um documento arquivístico é o que diz ser". A autenticidade de um documento está diretamente ligada ao modo, à forma e ao *status* de transmissão desse documento, bem como às condições de sua preservação e custódia. Isso quer dizer que o conceito de autenticidade refere-se à adoção de métodos que garantam que o documento não foi adulterado após a sua criação e que, portanto, continua sendo tão fidedigno quanto era no momento em que foi criado. Assim, em relação à autenticidade, MacNeil (2000:102) considera que "um documento eletrônico arquivístico autêntico é aquele que é transmitido de maneira segura, cujo *status* de transmissão pode ser determinado, que é preservado de maneira segura e cuja proveniência pode ser verificada".

No que diz respeito à transmissão de um documento eletrônico arquivístico, esta inclui modo, forma e *status* de transmissão.

Por *modo de transmissão* entende-se a maneira pela qual os documentos entrarão (para o caso de documentos originários de outras instituições) e circularão dentro dos espaços individual, do grupo e geral predefinidos no sistema de gerenciamento arquivístico de documentos. Tal operação pressupõe uma trilha de auditoria capaz de rastrear toda a movimentação do documento (data, hora, pessoas, assunto).

Por *forma de transmissão* entende-se a forma física e intelectual que o documento tem no momento em que é recebido pelo destinatário, formas essas que deverão se manter inalteradas após passarem pelo processo de transmissão. Para tanto, é preciso usar o recurso da assinatura digital, que, para a diplomática, se constitui num selo eletrônico, equivalente aos selos dos soberanos medievais. Tal como estes últimos, a assinatura eletrônica identifica a origem do documento e garante que o mesmo não foi adulterado.

Quanto ao *status de transmissão* de um documento eletrônico arquivístico, tal como no caso de documentos convencionais, refere-se ao grau de desenvolvimento e de autoridade desse documento, ou seja, se se trata de uma minuta, original ou cópia.

Segundo MacNeil (2000:103):

> Uma minuta é uma compilação temporária de um documento que visa correção (...) Uma cópia é uma reprodução de um documento feita a partir de um original, uma minuta ou uma outra cópia (...) Um original é o primeiro documento completo e efetivo. Para um documento ser original, ele tem que ser completo (isto é, sua forma tem que ser aquela pretendida por seu autor/ou exigida pelo sistema jurídico), primitivo (isto é, tem que ser o primeiro a ser produzido na sua forma completa) e efetivo (isto é, tem que ser capaz de alcançar os efeitos para os quais foi produzido).

Em relação ao *status original*, Duranti (1998:49) informa que um mesmo documento pode ter mais de um original, sobre o que faz o seguinte esclarecimento:

> Isso acontece em casos onde há obrigações recíprocas (contratos entre duas ou mais partes, tratados, convenções) ou onde há muitos destinatários (circulares, convites...) ou onde há necessidade de segurança (dispersão de documentos vitais) e assim por diante.

Apesar dessa multiplicidade de originais, Duranti (1998:49) chama a atenção para o fato de que

> nós nos defrontamos com originais do mesmo documento apenas quando esses originais são completamente idênticos, como nos casos mencionados acima. Mas, se temos um número de originais idênticos em tudo com exceção do nome do destinatário (...) temos tantos diferentes originais quanto diferentes destinatários. Da mesma forma, se dois originais do mesmo documento, endereçados à mesma pessoa, têm datas diferentes, eles são de fato dois originais diferentes.

No que se refere ao *status cópia*, Duranti (1998:51) informa que a "diplomática faz distinção entre vários tipos de cópia". Assim, temos: cópia na forma de original, cópia imitativa, cópia simples e cópia autêntica.

Em relação à *cópia na forma de original*, esta é identificada por Duranti (1998:50) pelo seguinte exemplo:

> se dois originais do mesmo documento, enviados à mesma pessoa e tendo a mesma data, são enviados àquela pessoa em duas entregas subsequentes, o documento mais antigo é considerado *original*, o segundo é qualificado como *cópia na forma de original*.

No que se refere à cópia imitativa, Duranti (1998:51) a define como aquela que "reproduz, completamente ou parcialmente, não apenas o conteúdo mas também as formas, incluindo as externas (...), do original: um exemplo moderno é a fotocópia".

A mesma autora define *cópia simples* como aquela que consiste na "mera transcrição do conteúdo de um original, feita por qualquer pessoa, e que não pode ter efeitos legais" (Duranti, 1998:52).

Quanto à cópia autêntica, Duranti (1998:52) diz se tratar de uma "cópia certificada por oficiais autorizados (...), de maneira a torná-la admissível legalmente como prova". Na categoria de *cópia autêntica* inclui-se o *vidimus*, que toma a forma de uma *inserção definida* por Duranti (1998:52) como documentos inteiramente citados (se textuais) ou relatados (se visuais, como mapas) em documentos originais subsequentes com o objetivo de renovar seus efeitos, ou porque se constituem em precedentes de atos legais atestados em originais subsequentes.

O *status* de transmissão se constitui em mais um elemento diferenciador entre documentos convencionais e eletrônicos, já que em relação a estes últimos tal *status* é definido de acordo com a rota do documento dentro do sistema eletrônico de gerenciamento arquivístico, rota essa que implica alterações na forma física e intelectual do documento. Assim, segundo MacNeil (2000:103):

> Qualquer documento que não é transmitido para um destinatário, nem consignado para o espaço geral do sistema eletrônico, mas que é salvo no espaço eletrônico no qual foi feito, é considerado uma minuta porque é incompleto. Isso porque o ato de transmitir um documento através de fronteiras eletrônicas, externas ou internas, necessariamente acrescenta componentes ao documento que o tornam completo (por exemplo, a data de transmissão e o nome do originador e/ou autor). Qualquer documento que é transmitido através de fronteiras eletrônicas é recebido do outro lado como um original, mas é salvo no espaço do originador como uma minuta final porque não é capaz de alcançar seu propósito e, assim, falta-lhe efetividade.

A autora (MacNeil, 2000:103) continua o detalhamento das condições em que se define o *status* de transmissão de um documento eletrônico ao explicar que:

> Cada vez que uma pessoa recupera um documento do espaço geral, ele ou ela tem uma visão do original (no caso de um documento recebido ou de um documento interno) ou da última minuta (no caso de um documento enviado). Se a pessoa copia o documento para seu próprio espaço eletrônico, o resultado é uma cópia imitativa mais do que uma cópia na forma do original, porque alguns dos metadados do documento (isto é, a data que coloca o documento dentro do seu contexto documentário e administrativo no momento da sua criação) mudarão. Cada vez que uma pessoa reencaminha um documento para outra, ela cria uma inserção do tipo *vidimus*, e assim por diante.

A intenção de MacNeil ao explicar de forma tão didática a maneira como se define o *status* de transmissão de um documento eletrônico é demonstrar que, apesar de ter sido abandonado por muitos, o conceito de documento original em ambiente eletrônico permanece válido, desde que tal ambiente pressuponha um sistema de gerenciamento arquivístico de documento capaz de identificá-lo.

Como já vimos, as condições de preservação e custódia de um documento arquivístico também se constituem em elemento de autenticidade. No caso dos documentos eletrônicos, segundo MacNeil (2000:103), essas condições implicam

> preservação de documentos intermediários em ambiente climaticamente adequado e fisicamente seguro, procedimentos bem-documentados de reprodução e migração de documentos correntes e intermediários e uma linha ininterrupta de custódia física.

Na verdade, a preservação e a custódia dos documentos eletrônicos também se constituem em elementos que os diferenciam dos documentos convencionais, porque enquanto estes últimos têm sua autenticidade assegurada na medida em que são mantidos com as mesmas características com que foram criados, os primeiros se mantêm autênticos por meio de processos contínuos de cópia e migração. Tais processos se fazem necessários devido à fragilidade do suporte, magnético ou óptico, e à obsolescência tecnológica.

É importante ressaltar que cópia e migração têm consequências diferentes para a autenticação dos documentos. A primeira consiste em uma reprodução completa dos elementos de forma e conteúdo de um documento. Consequentemente, os documentos copiados se constituem em reproduções fiéis dos documentos originais. Entretanto, há que ressaltar que, apesar de menos invasiva, a cópia de documentos eletrônicos também se constitui em uma intervenção, logo interfere na autenticidade desses documentos. No tocante à migração, esta implica mudanças na configuração que afetam o documento por inteiro. Na verdade, após serem migrados os documentos podem parecer os mesmos, mas não são. Sua forma física é profundamente alterada, com perda de alguns dados e acréscimo de outros.

Diante de tal realidade, cabe perguntar: como proceder para garantir a autenticidade dos documentos eletrônicos a longo prazo?

Segundo Duranti (1998:57):

> A autenticidade a longo prazo de documentos eletrônicos arquivísticos pode ser assegurada por processos de autoautenticação da reprodução de um suporte para outro e de conversão de uma tecnologia para outra, pela

fidedignidade da pessoa ou escritório revestido da autoridade e capacidade para executar os processos de reprodução e conversão e pela custódia física ininterrupta.

Em relação ao mecanismo de autoautenticação aqui referido, trata-se da capacidade que a própria instituição criadora dos documentos tem de garantir a autenticidade desses documentos na fase corrente, ou seja, enquanto necessários à instituição no exercício ordinário de suas atividades. É justamente a confiança depositada pela instituição nos processos de cópia e migração por ela adotados que assegura a autenticidade dos documentos copiados ou migrados. Entretanto, uma vez não mais necessários à condução dos negócios da instituição, os documentos devem passar para a custódia de uma parte neutra que se encarregará de manter a sua autenticidade ao longo do tempo e de maneira ininterrupta.

Ocorre que a ideia de a custódia dos documentos eletrônicos arquivísticos ficar a cargo de uma parte neutra não é compartilhada por todos. É exatamente nesse ponto que começam as discussões sobre o binômio custódia/pós-custódia, o qual tem suas raízes na visão dicotômica, dominante nos países anglo-saxões, de *gestão de documentos* e *funções arquivísticas*.

O documento eletrônico arquivístico e o binômio custódia/pós-custódia

Conforme mencionado no item "Cinco marcos históricos para a arquivologia", a existência de duas categorias profissionais (arquivistas e administradores de documentos), dominante nos países anglo-saxões, começou a ser questionada a partir do advento do documento eletrônico. Em seus estudos sobre o gerenciamento arquivístico desse tipo de documento, os profissionais dos EUA, do Canadá e da Austrália perceberam a necessidade da intervenção do arquivista já na primeira fase do ciclo vital. Com isso, inauguraram um debate acalorado sobre a visão dicotômica, criada por eles mesmos, de *gestão de documentos* e *funções arquivísticas*. Em suas considerações sobre o tema, Bearman chega a afirmar que o conceito de ciclo vital, como entendido até então, havia conduzido "*à paraprofissionalização da gestão de documentos e à marginalização dos arquivistas*" (Bearman apud Erlandsson, 1997:14).

O questionamento por parte da comunidade arquivística internacional sobre a concepção de ciclo vital levou ao surgimento, na Austrália, do conceito de *documentos contínuos*, o qual foi assimilado no Canadá sob a denominação *Arquivologia Integrada*. Segundo Erlandsson (1997:70), o modelo de *documentos contínuos*

> rejeita o modelo tradicional de ciclo vital dos documentos, o qual incorpora uma divisão rígida entre documentos arquivísticos correntes e permanentes. O objetivo do modelo é promover regimes de gerenciamento integrado de documentos e processos arquivísticos (...) O ciclo vital foi recontextualizado de tal maneira que considerações históricas podem agora ser acomodadas desde o momento em que os documentos foram criados.

Segundo Bearman, o modelo de documentos contínuos "nos capacita a formular métodos de controle dos documentos como instrumentos de governança, prestação de contas, memória, identidade e como fontes autorizadas de informação com valor agregado" (apud Erlandsson, 1997:70).

De acordo com Cook (apud Erlandsson, 1997:70), o conceito de documentos contínuos deriva-se de um outro, o de pós-custódia, criado por Peter Scott e prontamente assimilado pelos arquivistas australianos. Tal conceito, segundo Cunningham, baseia-se no entendimento de que "no ambiente eletrônico, instituições arquivísticas não têm mais que assumir a custódia física dos documentos para cumprir seu papel arquivístico de controlar e proteger os documentos" (Cunningham apud Erlandsson, 1997:76).

Tanto o conceito de *documentos contínuos* como o de *pós-custódia* baseiam-se na premissa de que os documentos eletrônicos arquivísticos devem ser tratados como um todo, isto é, sem a divisão por fases corrente, intermediária e permanente, e, uma vez cessado o seu uso diário, os mesmos permaneceriam sob a responsabilidade da instituição que os criou. Os defensores dessa nova concepção de gerenciamento arquivístico de documentos fundamentam-se nas inúmeras variáveis que envolvem a tecnologia da informação e os documentos daí advindos. Como exemplo dessa nova realidade, Stuckey (apud Erlandsson, 1997:77) faz um relato bastante interessante sobre a experiência do Arquivo Nacional da Austrália com a custódia de documentos eletrônicos:

> Qualquer pessoa com um conhecimento superficial sobre tecnologia do computador terá observado um fenômeno interessante: a rápida mudança tecnológica. Nós observamos isso há muito tempo, quando nossos depósitos começaram a ficar repletos de meios eletrônicos que se tornavam obsoletos num período de tempo muito curto. Na década de 1970, começamos a ir

fundo na iniciativa de adquirir hardwares para preservar, manter e ler esses meios eletrônicos, mas logo descobrimos três coisas: primeiro, os custos com instalação e manutenção de equipamentos e com *staff* eram astronômicos; segundo, os fabricantes não dariam suporte às linhas que tivessem se tornado obsoletas; terceiro, nós não poderíamos fornecer a tecnologia para preservar e acessar a imensa quantidade de tecnologias e formatos que estavam sendo usados pelas instituições governamentais. Nossa conclusão foi que pareceria ilógico e um grande desperdício de recursos tentar duplicar (note bem) ambientes tecnológicos já existentes nas instituições públicas.

Na contramão das discussões em favor dos conceitos de *documentos contínuos* e de *pós-custódia* estava a Universidade de British Columbia (UBC), no Canadá, representada pela equipe que havia participado do projeto de gerenciamento arquivístico de documentos ali desenvolvido.

A coordenadora do projeto, Luciana Duranti, e alguns membros da equipe, como Heither MacNeil e Thibodeau, participaram ativamente das discussões, sempre defendendo a validade, também para os documentos eletrônicos, dos conceitos de ciclo vital e de custódia dos documentos arquivísticos por uma parte neutra.

A equipe do projeto da UBC considerava a existência de uma instituição arquivística para tratar dos documentos de valor permanente como condição fundamental para a preservação da fidedignidade e da autenticidade desses documentos.

Em seu artigo intitulado "Arquivos como um lugar", Duranti reconhece na instituição arquivística "o espaço além do qual nenhuma alteração ou troca é possível e onde o ato escrito pode ser tratado como prova e memória" (Duranti apud Erlandsson, 1997:73). Nesse sentido, a autora argumenta que:

> O abandono da conexão entre documentos arquivísticos e um lugar oficial central de preservação, sob uma jurisdição distinta, implicaria a impossibilidade de exercer precisamente aquela tutela tão cara ao coração de Jenkinson, a defesa moral dos arquivos não apenas pelo arquivista mas também pelo povo. Não há nenhuma dúvida em minha mente de que a defesa moral passa por e é inseparável da defesa física.

Mas o principal argumento dos mentores do projeto da UBC sobre a validade dos conceitos de ciclo vital e de custódia por uma parte neutra era mesmo a questão da *descrição arquivística*, sobre a qual Duranti e MacNeil (1996:57) escreveram:

Em relação à custódia, mais do que nunca ela deve ser da competência exclusiva dos arquivistas por três razões: 1) porque os criadores de documentos são responsáveis por *sua ação* através dos documentos, enquanto os arquivos são responsáveis pelos *documentos em si*; 2) porque os criadores de documentos têm o direito de demonstrar que eles cumpriram com suas responsabilidades (...) ao colocar os documentos nas mãos de uma terceira pessoa; e 3) não importa quão cuidadosos os processos de reprodução e conversão tenham sido executados, e não importa quanta autoridade e responsabilidade foram dadas àqueles investidos da supervisão dos processos, a verificação da autenticidade dos documentos eletrônicos a longo prazo terá que repousar em uma coisa apenas: a descrição arquivística. Quando os documentos eletrônicos que os pesquisadores desejam usar como fontes tiverem passado por várias reproduções e conversões, quando sua forma física tiver perdido muito das suas características originais, quando seus criadores e pessoas encarregadas de copiá-los e migrá-los estiverem mortos e incapazes de testemunhar sua veracidade, o último instrumento para a avaliação da sua autoridade será o inventário arquivístico.

Os debates envolvendo *documentos contínuos* × *ciclo vital* e *custódia* × *pós-custódia* se arrastaram por toda a década de 1990. Inúmeros seminários foram realizados e listas de discussão implementadas. A teoria canadense da "arquivologia integrada", por exemplo, chegou a ser trazida para o Brasil, onde soou no mínimo curiosa, uma vez que para a arquivologia aqui praticada documentos contínuos soam como sinônimos de ciclo vital. Na verdade, do ponto de vista da formação o profissional de arquivos no Brasil sempre foi preparado para atuar nas três fases do ciclo vital, entendidas como estágios interdependentes e complementares. Assim sendo, no que diz respeito ao Brasil a questão da custódia pode ser analisada sob o ponto de vista das implicações tecnológicas que envolvem a guarda de documentos eletrônicos de valor permanente, mas não como uma grande discussão teórica. Tal concepção é fortalecida por Erlandsson (1997:15), o qual reconheceu que

> países que tradicionalmente combinaram o gerenciamento e o controle de documentos arquivísticos correntes (...) com os de documentos não correntes terão menos dificuldade em se ajustar às exigências dos documentos eletrônicos do que (...) países que rigorosamente separaram o gerenciamento e o controle dos documentos correntes (...) dos não correntes.

Entre os países que aderiram à teoria pós-custodial, a Austrália aparece como o mais entusiasta; entretanto, a experiência parece não ter dado bons resultados. Ao menos é o que se deduz da nota publicada pelo Arquivo Nacional da Austrália (ANA), em seu site na internet. A nota diz:

> Em 1995, o Arquivo Nacional da Austrália publicou *Gerenciando documentos eletrônicos arquivísticos*, uma proposição política sobre documentos eletrônicos que adotava uma abordagem distribuída para a custódia de documentos eletrônicos. Sob a custódia distribuída, todos os documentos eletrônicos arquivísticos (...) deveriam permanecer sob a custódia da instituição que os havia criado (...) Em março de 2000, o regime de custódia para os documentos arquivísticos públicos mudou. Uma consequência dessa mudança é que o Arquivo Nacional agora tomará sob sua custódia os documentos eletrônicos arquivísticos que tenham sido selecionados como arquivos nacionais (Australia, 2000b).

Infelizmente, a nota do ANA não explica as razões que o levaram a tomar essa decisão. Entretanto, o fato se constitui em forte indício de que a questão do binômio custódia/pós-custódia dos documentos eletrônicos ainda não terminou.

Capítulo 3

Iniciativas de gerenciamento arquivístico de documentos eletrônicos

O gerenciamento arquivístico dos documentos eletrônicos se constitui hoje no maior desafio da comunidade arquivística em todo o mundo. As peculiaridades dos documentos em suporte magnético ou óptico têm suscitado uma série de questionamentos sobre as práticas arquivísticas adotadas até o advento desse tipo de documento, bem como sobre os fundamentos teóricos que as permeiam.

A partir da década de 1990, a comunidade arquivística internacional voltou-se para a busca do conhecimento necessário ao bom gerenciamento arquivístico dos documentos gerados pela tecnologia da informação. Nesse sentido, estudos e projetos têm sido implementados tanto pela comunidade acadêmica como pelas instituições arquivísticas. Entre essas iniciativas, destacamos os projetos da Universidade de Pittsburgh, nos EUA, e da Universidade de British Columbia, no Canadá, bem como as experiências do Arquivo Nacional da Austrália, as quais passamos a analisar.

Em relação ao Brasil, o projeto do Governo Eletrônico, criado no bojo do Programa Sociedade da Informação, também é aqui contemplado.

O projeto da Universidade de Pittsburgh, EUA

Em 1990, a Comissão Nacional de Publicações e Documentos Históricos (NHPRC) do Arquivo Nacional dos EUA publicou um relatório no qual mostrava sua preocupação com a questão dos documentos eletrônicos, considerando-os tema prioritário na sua política de financiamento de pesquisas.

Em 1991, a Sociedade Histórica de Minnesota realizou uma conferência, patrocinada pela NHPRC, intitulada "Encontro de trabalho sobre questões de pesquisa em documentos eletrônicos", que resultou numa agenda de pesquisas sobre esses documentos a partir de uma abordagem arquivística. A agenda determinava que os projetos deveriam ser interdisciplinares e com resultado de aplicação geral.

A Escola de Ciência da Informação da Universidade de Pittsburgh respondeu ao chamado e apresentou à NHPRC um projeto de pesquisa, a ser desenvolvido em três anos, começando em 1993, a um custo total de US$360 mil. O projeto, inicialmente intitulado "Variáveis na satisfação de requisitos arquivísticos para gerenciamento de documentos eletrônicos", envolvia profissionais das áreas de arquivologia, biblioteconomia, ciência da computação e Tecnologia da Informação. Os pesquisadores principais eram Richard Cox e James Williams. David Bearman era consultor do projeto, que contava também com a participação de alguns doutorandos em ciência da informação. O projeto de Pittsburgh marca o início do envolvimento da comunidade acadêmica no estudo do gerenciamento arquivístico de documentos eletrônicos, até então desenvolvido apenas por instituições arquivísticas públicas.

Os objetivos do projeto eram:

❏ desenvolver um conjunto bem definido de requisitos funcionais para o gerenciamento de documentos arquivísticos, satisfazendo as necessidades legais, administrativas e outras de uma instituição, os quais possam ser usados na elaboração e implementação de sistemas eletrônicos de informação;

❏ considerar como os requisitos funcionais são afetados pela política e pela cultura da instituição, bem como pelo uso de tecnologia e de sistemas eletrônicos.

Ao caracterizar o projeto, Cox (1996c) afirma que o mesmo representa um posicionamento dos arquivistas em relação ao gerenciamento dos documentos eletrônicos e a redescoberta da principal missão da profissão, ou seja, o fornecimento de prova, de testemunho.

Cox (1996b) considera que o ponto de sustentação do projeto é uma precisa definição de documento arquivístico, o qual, no seu entender, consiste em: *"transações registradas que fornecem prova"*.

Para Cox (1995b), desde o século XIX os estudos arquivísticos sobre o conceito de documento contemplavam os elementos *transação* e *prova*, de maneira que, segundo o autor, "em meados do século XX, havia uma percepção clara do documento como transação e como prova de transação".

Cox, então, considera um equívoco o empenho inicial dos arquivistas em preservar bases de dados estatísticas isoladas, isto é, descontextualizadas do restante do acervo da instituição que as criara e mantidas unicamente com propósitos informacionais. Para reforçar seu conceito de documento como prova de transação, Cox evoca os colegas australianos, como Glenda Acland. Segundo Acland: "o pivô da ciência arquivística é prova, não informação. Arquivistas não lidam com bits isolados e flutuantes de informação, mas sim com sua expressão documentária" (Acland apud Cox, 1996c).

O projeto de Pittsburgh foi elaborado a partir das seguintes hipóteses:

- as instituições possuem necessidades básicas de criação e manutenção de documentos que não mudam no caso de esses documentos serem eletrônicos. Entretanto, sistemas eletrônicos de documentos podem ser mais bem equipados para atender a essas necessidades do que os sistemas tradicionais;
- as instituições podem usar política, projeto de sistema, padrões e implementação ou uma combinação dessas táticas para satisfazer os requisitos funcionais para o gerenciamento arquivístico de documentos;
- os requisitos funcionais para o gerenciamento arquivístico de documentos variam de acordo com a instituição, e diferentes graus de risco estão associados à não satisfação desses requisitos;
- softwares variam na sua capacidade de criar e gerenciar documentos, mas não definem as necessidades das instituições no que se refere à criação e à manutenção de documentos;
- instituições semelhantes terão razões e necessidades semelhantes para criar e manter documentos, mas usarão táticas diferenciadas para satisfazer tais necessidades com base, primeiramente, na sua cultura institucional;
- depois da cultura institucional, o fator mais importante em determinar se a instituição manterá adequadamente seus documentos será o grau

de aceitação, por parte dos administradores, da sua responsabilidade arquivística, seguido da capacidade tecnológica do programa de gerenciamento arquivístico de documentos.

As táticas citadas na segunda hipótese são assim definidas:

- política: refere-se às determinações sobre uso e criação do sistema de gerenciamento arquivístico de documentos;
- projeto de sistema: trata-se do software que operacionalizará o sistema;
- padrões: referem-se à tecnologia da informação, existente e potencial, que apoiará a implementação dos requisitos funcionais;
- implementação: trata-se da utilização propriamente dita dos requisitos funcionais.

As variáveis a que se refere o título inicial do projeto representam as peculiaridades de cada instituição que podem afetar a implementação dos requisitos funcionais para o gerenciamento arquivístico de documentos. Tais peculiaridades seriam: práticas específicas, exigências legais, normas internas e a cultura da instituição.

Respostas às hipóteses formuladas, baseadas em dados empíricos, seriam o principal produto do projeto, e se resumiriam à viabilidade do uso dos requisitos funcionais para gerenciamento arquivístico de documentos eletrônicos. Entretanto, outros produtos foram surgindo ao longo da pesquisa, como, por exemplo, os artigos publicados pelos integrantes do projeto que tanto enriqueceram a literatura arquivística. Havia ainda a intenção de que o projeto resultasse na criação de uma fundação de apoio à pesquisa em arquivologia, na própria Escola de Biblioteconomia e Ciência da Informação da Universidade de Pittsburgh, isso porque Cox vê a questão da pesquisa como o calcanhar de aquiles da área arquivística.

A metodologia utilizada para o desenvolvimento do projeto constou de duas fases empíricas. A primeira envolveu o levantamento de leis, normas e consagradas práticas profissionais, de diferentes áreas do conhecimento, que definiam as exigências relativas à produção de provas documentais, isto é, quando tais documentos são exigidos, que forma devem ter, por quanto tempo devem ser guardados, além de outros aspectos sobre formato, conteúdo, manutenção e acessibilidade. As áreas estudadas foram direito, administração, arquivologia, tecnologia da informação e medicina. O objetivo desse levantamento era fornecer critérios rigorosos para a criação dos requisitos funcionais, ou seja, construir uma *garantia literária* (grifo nosso) da qual derivariam os atributos documentais para o fornecimento de prova. Dessa maneira, conforme ressaltado por Duff,[16] a equipe do projeto assegurava que "os requisitos funcionais para gerenciamento arquivístico de documentos não são uma criação de arquivistas e gerenciadores de documentos, mas um reflexo do consenso social" (Duff, 1996b).

Como resultado dessa primeira fase, uma proposta preliminar de requisitos funcionais foi concluída e amplamente discutida pela comunidade arquivística e por profissionais da informação em geral em inúmeros eventos realizados nos EUA, no Canadá, na Europa e na Austrália. Com base nos debates e sugestões apresentados, procedeu-se a uma revisão dos requisitos e à sua versão definitiva.

A segunda fase constou de entrevistas. Antes, porém, organizou-se um encontro entre a equipe do projeto e algumas instituições convidadas, no qual se discutiu a proposta da pesquisa e a necessidade de aplicação, em caráter experimental, dos requisitos funcionais para o gerenciamento arquivístico de documentos. Na ocasião, cinco instituições representantes da indústria, do governo local, do setor de saúde (um hospital) e do setor de educação (uma universidade) concordaram em participar do projeto como "instituições-teste". A partir daí, a equipe do projeto realizou estudos sobre as cinco instituições, identificando aspectos como missão e potencial tecnológico (software e hardware) para, em seguida, iniciar o trabalho propriamente dito. Paralelamente ao estudo do perfil das "instituições-teste", a equipe do projeto procedeu também à análise dos softwares disponíveis no mercado e seu potencial de uso para os objetivos da pesquisa.

Às "instituições-teste" foram aplicados dois blocos de entrevistas. O primeiro visava traçar um perfil da cultura institucional, e o segundo, com base no primeiro, verificar a reação das "instituições-teste" aos requisitos funcionais para o gerenciamento arquivístico de documentos, bem como às táticas para sua implementação.

Ao final do projeto, havia-se produzido um modelo que visava capacitar as instituições a desenvolver sistemas para a criação, identificação, captu-

---

[16] Wendy Duff foi uma das doutorandas integrantes da equipe do projeto.

ra, manutenção e uso de documentos capazes de provar transações. Esse modelo era composto dos seguintes produtos: *garantia literária, requisitos funcionais, regras de produção* e *especificações de metadados*, os quais seriam implementados por meio das táticas anteriormente citadas.

O projeto ressaltava que, embora voltados para sistemas eletrônicos, os requisitos se aplicavam também a sistemas manuais ou híbridos.

Os requisitos funcionais identificados pelo projeto representavam um conjunto de condições que as instituições, os sistemas de informação e os documentos teriam que satisfazer para garantir o fornecimento de prova. Tais requisitos, em número de 13, eram:

Instituição consciente	Sistema de gerenciamento arquivístico de documentos idôneo	Documentos capturados	Documentos mantidos	Documentos usáveis
1. Conforme	2. Responsável 3. Implementado 4. Consistente	5. Abrangedores[17] 6. Identificáveis 7. Completos: 7a. verdadeiros 7b. compreensíveis 7c. com significado 8. Autorizados	9. Preservados: 9a. inviolados 9b. coerentes 9c. auditáveis 10. Removíveis	11. Exportáveis 12. Acessíveis: 12a. disponíveis 12b. com capacidade de entrega[18] 12c. testemunhais 13. Com capacidade de edição[19]

Segundo Duff (1996b:33), os 13 requisitos aqui identificados podem ser agrupados em três categorias:

❑ requisitos relativos à instituição – rotulada de instituição consciente;

❑ requisitos que refletem especificações para sistemas de gerenciamento arquivístico de documentos – classificados de sistema de gerenciamento arquivístico de documentos idôneo;

❑ requisitos relativos ao documento – agrupados em três subcategorias (documentos capturados, documentos mantidos e documentos usáveis).

Em relação aos requisitos da categoria 1, uma instituição é *consciente* quando é *conforme*, isto é, quando conhece as leis, normas e práticas profis-

---

[17] Tradução da autora para *comprehensive*.
[18] Tradução da autora para *renderable*.
[19] Tradução da autora para *redactable*.

sionais consagradas que a governam e que se refletem nos seus documentos, bem como na maneira de gerenciá-los. Sobre essa categoria, Duff (1996b:33) apresenta o seguinte exemplo: uma instituição que se dedica a inventos e que, por conseguinte, solicita registros de patentes, deve cumprir com os procedimentos rigorosos de gerenciamento arquivístico de documentos. Caso contrário, não terá como provar seus direitos sobre uma determinada patente em caso de questionamento judicial.

No que se refere à categoria 2, é fato que o ambiente que cerca os documentos determina seu maior ou menor grau de confiabilidade. Assim, um *sistema de gerenciamento arquivístico de documentos idôneo* garante alto grau de confiabilidade a esses documentos. Para tanto, é preciso que o sistema seja *responsável*, isto é, que tenha todo o seu funcionamento documentado através de normas, regulamentos e designação de responsabilidades e rotinas bem-definidas; *implementado*, significando que o sistema é realmente empregado naquela instituição e que nenhum documento existe fora dele; *consistente*, ou seja, os mesmos procedimentos levam aos mesmos resultados e, no caso de falhas, estas são acusadas e corrigidas pelo próprio sistema.

Finalmente, os requisitos da categoria 3 referem-se às características dos *documentos*, que se subdividem em três: *documentos capturados, documentos mantidos* e *documentos usáveis*.

Documentos capturados significam documentos apanhados pelo sistema no decorrer das transações. Tais documentos devem ser: *abrangedores, identificáveis, completos* e *autorizados*. Por abrangedores entende-se que os documentos têm que ser criados para todas as transações executadas pela instituição, ou seja, não há transação sem documento e não há documento criado arbitrariamente. *Documento identificável* significa documento com fronteiras, isto é, documento único e ligado à transação que representa. Já um *documento completo* tem que ter conteúdo, contexto e estrutura, devendo ser *verdadeiro* (a informação registrada reflete verdadeiramente a transação); *compreensível* (a informação registrada garante o entendimento da transação) e *com significado* (passível de pleno entendimento). Finalmente, para ser *autorizado* um documento tem que provir de uma autoridade devidamente identificada, isto é, uma autoridade reconhecidamente capaz de criar documentos e executar transações.

O segundo subgrupo da terceira categoria, *documentos mantidos*, especifica que, uma vez capturados, os documentos têm que ser *preservados* ao longo do tempo tal como foram criados, isto é, com seu conteúdo, contexto e estrutura originais. Para tanto, têm que ser *invioláveis, coerentes* e *auditáveis*. O sub-requisito *inviolável* determina que o documento tem que ser protegido de danos, acidentais ou deliberados, de destruição e de modificações que, caso ocorram, implicarão a criação de um novo documento. Para um documento preservado manter-se *coerente* as informações sobre seu conteúdo, estrutura e contexto têm que ser passíveis de reconstituição em caso de migração para outro hardware ou software. Quanto ao sub-requisito *auditável*, significa que o contexto do documento tem que refletir todos os processos pelos quais ele passou. Assim, transações como usos, indexação, classificação, temporalidade, arquivamento, cópia e destinação (eliminação ou guarda permanente) são documentadas por uma trilha de auditoria, anexada ao original. Ainda dentro da categoria *documentos mantidos*, o item *removível* refere-se a documentos passíveis de destruição. Nesse sentido, determina a designação de uma autoridade competente e o registro dessa transação por meio da trilha de auditoria. A destruição se dá no nível do conteúdo e da estrutura do documento e não do seu contexto, que é refletido na trilha de auditoria.

O último subgrupo da categoria de requisitos referentes a *documentos*, isto é, *documentos usáveis*, envolve as seguintes características: *exportável, acessível* e *passível de edição*. A primeira refere-se à independência de software, isto é, determina que os documentos têm que ser exportáveis de um sistema para outro sem perda de informação. A segunda diz respeito à capacidade de o sistema garantir a acessibilidade do documento, e subdivide-se em mais três requisitos: *disponibilidade, entrega* e *capacidade testemunhal*. *Disponibilidade* refere-se à recuperação propriamente dita do documento; *entrega* significa que o sistema tem que "entregar" o documento exatamente como este foi concebido, enquanto a *capacidade testemunhal* implica que o documento tem que ser acompanhado de uma trilha de auditoria legível pelo ser humano e que testemunhe a criação e o uso desse documento. Finalmente, o documento tem que ser passível de edição, isto é, o sistema tem que ser capaz de "mascarar" parte do documento em caso de informação sigilosa.

Com o objetivo de expressar de maneira formal e precisa os requisitos funcionais, a equipe do projeto utilizou uma linguagem própria da inteligência artificial, denominada *regras de produção*. Tal recurso resultou numa decomposição lógica dos requisitos com suas respectivas especificações, conforme exemplo a seguir:

> *Sistema de gerenciamento arquivístico de documentos satisfeito*
> *Instituição* conforme
> *Sistema* idôneo
> *Documentos* funcionais
>
> *Instituição* conforme (1.0):
>   *Requisitos externos* conhecidos (1.0a)
>   *Requisitos externos e regras internas* interligados (1.0b)
>   *Requisitos externos e regras internas* atualizados (1.0c)
>
> *Requisitos externos* conhecidos (1.0a)
>   *Leis* identificadas (1.0a1)
>   *Regulamentos* identificados (1.0a2)
>   *Práticas profissionais consagradas* identificadas (1.0a3)

As regras de produção consistem em propriedades que o sistema tem que atender e permitem uma avaliação sobre a capacidade desse mesmo sistema em satisfazer os requisitos funcionais.

Com base nos *requisitos funcionais* e nas *regras de produção*, delineou-se um conjunto de *metadados*, isto é, elementos que identificam cada documento, descrevem quando, onde e por quem ele foi criado, explicam a estrutura física e lógica do documento, indicam termos e condições para acesso futuro e rastreiam os usos do documento, de maneira que pessoas e sistema de informação no futuro possam reconhecer esse documento. Os metadados foram delineados a partir do modelo de *documento encapsulado em metadados*, o qual propõe seis camadas e algumas subcamadas para cada documento.

Camada 1 – registro: metadado que declara que o que se segue é um documento arquivístico, identifica sua origem, bem como o tipo e o momento da transação. Inclui especificações de descritores.

Camada 2 – termos e condições: refere-se ao controle de acesso, uso e destinação de um documento. No caso dos dois primeiros, identifica restrições, como necessidade de uso de senha ou de pagamento de taxa. Em relação à destinação, identifica a autoridade competente para a avaliação, as leis e regulamentos que a embasam, bem como a tabela de temporalidade.

Camada 3 – estrutura: consiste em informações sobre a estrutura do documento de maneira a garantir seu valor de prova ao longo do tempo, bem como sua capacidade de migração para novos softwares e hardwares, caso seja necessário. As subcamadas aqui contidas identificam a forma do documento (textual, numérico, gráfico, multimídia), dependência ou não de software; método de compressão, algoritmos para criptografar o conteúdo etc.

Camada 4 – contexto: identifica a proveniência do documento e o ambiente jurídico-administrativo que o envolve. Assim, implica as seguintes subcamadas:

- instituição, pessoa ou sistema que deu início à transação e a que horas;
- quem recebeu a transação e a que horas;
- tipo de transação;
- regra que governa aquele tipo de transação;
- idoneidade das operações (sistema responsável, implementado e consistente).

Camada 5 – conteúdo: trata-se do teor do documento.

Camada 6 – história do uso: documenta todos os usos do documento desde a sua criação. Funciona como uma capa que elimina a necessidade de abrir o documento para que o mesmo seja identificado. Nessa capa constariam as seguintes informações:

- quando e por quem o documento foi usado;
- como o documento foi usado (copiado, editado, arquivado, indexado, classificado, enviado, eliminado).

A figura 1 é uma representação gráfica das seis camadas que acabamos de descrever.

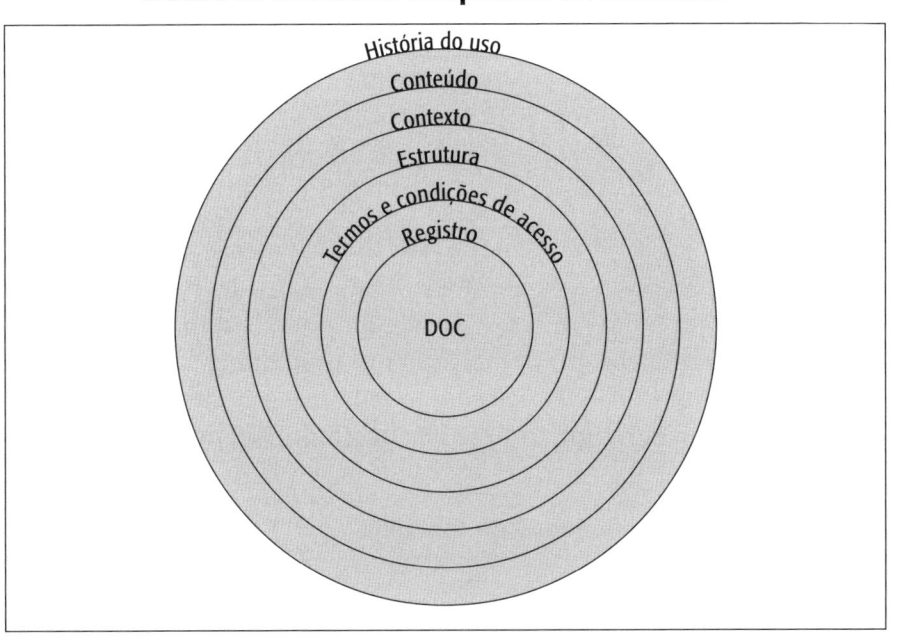

Figura 1
Modelo de documento encapsulado em metadados[20]

[Diagrama de círculos concêntricos com as camadas, de fora para dentro: História do uso, Conteúdo, Contexto, Estrutura, Termos e condições de acesso, Registro, DOC]

A título de ilustração, apresentamos um exemplo de *requisito funcional*, devidamente enunciado, com sua respectiva *garantia literária*, *regra de produção* e *metadado*:

Requisito funcional

Documentos: mantidos

9. *Preservados*: documentos devem continuar a refletir seu conteúdo, estrutura e contexto dentro de qualquer sistema pelo qual são retidos ao longo do tempo.

9.a *Íntegros*: documentos são protegidos de danos, acidentais ou intencionais, de destruição e de qualquer modificação.

9.a1 Nenhum dado dentro de um documento pode ser apagado, alterado ou perdido uma vez que a transação que o gerou tenha ocorrido.

Garantia literária para o requisito funcional 9.a

---

[20] Representação gráfica criada pela autora.

Citação: 36 CFR[21] PART 1234 – Gerenciamento de Documentos Eletrônicos. Subpart C – Padrões para criação, uso, preservação e disposição de documentos eletrônicos.

Páginas: 1234.24

Extrato: documentos eletrônicos podem ser admitidos como prova junto às cortes federais (Federal Rules of Evidence 803 (8)) desde que sua fidedignidade seja garantida por meio de uma documentação detalhada das operações executadas pelo sistema de criação e manutenção de documentos e pelo controle imposto a esse sistema. Instituições devem implementar os seguintes procedimentos para aumentar a admissibilidade legal dos documentos eletrônicos: (b) Demonstrar que procedimentos de segurança previnam a inclusão não autorizada, modificação ou eliminação de um documento e assegurar que o funcionamento do sistema seja protegido de interrupções.

Regra de produção para o requisito funcional 9a

Documentos íntegros (9.0a)

<Conteúdo igual (Documento? T1) Conteúdo (Documento? T2)> (9.0a1)

Explicação: o conteúdo de um documento criado num determinado momento (T1, sendo T = *Time*) é igual ao conteúdo desse documento num momento posterior (T2).

Metadado para o requisito funcional 9a

I. A.1 *Declaração de documento arquivístico [obrigatória]*

Identifica o dado como um documento arquivístico. Esse elemento do dado consiste em um dígito binário declarando que o que segue é um documento arquivístico. A presença da *declaração de documento* pode ser determinada sem abrir o documento, mas, caso o documento seja aberto perde esse valor.

Explicação: Camada de Identificação I.

    Subcamada de Declaração de Documento (é obrigatória) A.1

---

[21] Code of Federal Rules.

No momento em que o documento é aberto, não seria mais um documento, na medida em que não seria possível provar que não foi modificado. Assim, ao invés de ser aberto, o documento seria copiado e essa cópia seria aberta e usada. De acordo com o projeto de Pittsburgh, cada uso do documento representa um novo documento. A declaração é, então, uma prova de que o dado é um documento, isto é, não foi aberto.

Segundo Duff (1996b:37):

> Os requisitos funcionais, as regras de produção e o modelo de metadados dotam as instituições de um conjunto de especificações mensuráveis para a construção de sistemas de gerenciamento arquivístico de documentos que asseguram a criação, manutenção e uso de documentos confiáveis.

O projeto de Pittsburgh recebeu diferentes denominações ao longo do seu desenvolvimento. Inicialmente foi intitulado "Variáveis na satisfação de requisitos arquivísticos para gerenciamento de documentos eletrônicos". Mais tarde passou a denominar-se "Requisitos funcionais para gerenciamento arquivístico de documentos". Finalmente, recebeu o título de "Requisitos funcionais para prova em gerenciamento arquivístico de documentos". Com essa última denominação, a equipe do projeto pretendeu reforçar sua posição de fundamentar sua pesquisa no conceito de documento arquivístico formulado no escopo do próprio projeto, ou seja, "transações registradas que fornecem prova".

No que se refere à avaliação dos resultados do projeto da Universidade de Pittsburgh, um encontro, realizado em 1996, reuniu representantes de várias instituições que estavam utilizando os requisitos funcionais com o objetivo de avaliá-los. As instituições em questão eram o Banco Mundial, a Prefeitura da Filadélfia, a Universidade Estadual de Nova York, a Universidade de Indiana e o Arquivo Nacional do Canadá.

O encontro resultou na identificação da necessidade de maior divulgação, utilização e aperfeiçoamento dos produtos derivados do projeto.

Ainda sobre a avaliação do projeto de Pittsburgh, em artigo publicado na revista *Archivaria*, Margareth Hedstrom (1997:48) considerou que:

> Os requisitos funcionais fornecem um inventário exaustivo das condições que as organizações devem considerar para assegurar que suas políticas, práticas, sistemas e documentos forneçam uma documentação adequada e autêntica das suas atividades.

Sobre o trabalho que resultou na garantia literária, Hedstrom (1997:480) salientou que este

> situa os mandatos para a criação e a manutenção de documentos arquivísticos a partir de um contexto legal, administrativo e profissional, além de apresentar uma metodologia para localização, compilação e apresentação das regras que governam uma documentação adequada nas modernas instituições.

Quanto às falhas do projeto, Hedstrom pontuou que os requisitos funcionais têm peso diferenciado, isto é, alguns são irrelevantes ou de custo proibitivo; as táticas não funcionaram bem, necessitando de melhor combinação; nem todas as hipóteses foram comprovadas, especialmente aquela relativa à influência da cultura institucional sobre o gerenciamento dos documentos.

Numa consideração no mínimo esclarecedora, sobre a escolha do termo "requisitos funcionais", Hedstrom afirmou que tal denominação causou confusão entre os arquivistas não-familiarizados com esse conceito e entre os analistas de sistemas, que usam o termo de um modo mais específico. Para Hedstrom (1997:67), "substituí-lo por termos como 'princípios', 'atributos desejáveis' ou mesmo 'objetivos para prova' em gerenciamento arquivístico de documentos resultaria numa designação mais descritiva para o que se denomina requisitos funcionais".

Finalmente, em mensagem eletrônica enviada em 1º de agosto de 2001, Wendy Duff fez as seguintes considerações sobre a repercussão do projeto de Pittsburgh: "Acho que o projeto funcionou. Ele foi mais teórico do que prático, mas muitos têm usado seus resultados. A Universidade de Indiana tem dois projetos para levar esses resultados mais adiante".

O projeto da Universidade de British Columbia, Canadá

No período compreendido entre 1989 e 1992, Luciana Duranti, professora da Universidade de British Columbia, no Canadá, escreveu uma série de artigos nos quais analisava as possibilidades de integração dos conceitos da arquivologia e da diplomática para o estudo dos documentos arquivísticos contemporâneos. Esses artigos inspiraram dissertações de mestrado, publicações em periódicos especializados, um seminário internacional, realizado em Paris, em 1992, e um projeto de pesquisa desenvolvido em três anos, de 1994 a 1997, pelo Programa de Mestrado em Estudos Arquivísticos da

Universidade de British Columbia (UBC-MAS), financiado pelo Conselho de Pesquisa em Ciências Sociais e Humanidades do Canadá (SSHRCC). O projeto, intitulado "A proteção da integridade dos documentos eletrônicos" e conhecido como projeto de UBC, tinha Luciana Duranti como pesquisadora principal, Terry Eastwood como copesquisador e Heither MacNeil como pesquisadora assistente.

Os objetivos do projeto eram:

❏ definir o que é um documento arquivístico e como este pode ser reconhecido num ambiente eletrônico;

❏ determinar que tipo de sistema eletrônico gera documentos arquivísticos;

❏ formular critérios que levem à separação apropriada de documentos arquivísticos de outros tipos de informação em sistemas eletrônicos;

❏ definir os requisitos conceituais que garantam a fidedignidade e a autenticidade de documentos arquivísticos em sistemas eletrônicos;

❏ articular métodos administrativos e técnicas para a implementação desses requisitos;

❏ avaliar esses métodos perante a diferentes concepções administrativas, jurídicas e disciplinares.

A abordagem metodológica do projeto é eminentemente teórica e parte de um conjunto de premissas gerais sobre o documento arquivístico tradicional para, então, verificar se as mesmas se mantêm em instâncias particulares, isto é, em um ambiente eletrônico. A base teórica das premissas advém da integração dos princípios e conceitos da diplomática e da arquivologia, sendo o cerne da pesquisa os conceitos de documento arquivístico, fidedignidade e autenticidade.

Com base nos princípios e conceitos aqui referidos, a equipe do projeto desenvolveu uma série de hipóteses articuladas em oito modelos que identificavam os componentes necessários e suficientes de um documento arquivístico em ambiente tradicional e eletrônico. Tais modelos foram estruturados a partir de perguntas e respostas, conforme passaremos a descrever.

MODELO 1

O que é um documento arquivístico em ambiente tradicional?

Segundo a diplomática, um documento arquivístico é "um testemunho, produzido num suporte e no curso de uma atividade, de fatos previstos em regras reconhecidas por um grupo social".

Ainda segundo a diplomática, os componentes necessários de um documento arquivístico são:

- suporte;
- conteúdo;
- forma: física e intelectual, sendo que esta última compreende configuração e articulação do conteúdo e anotações;
- pessoas: autor, destinatário, escritor (aquele que redige o documento);
- atos.

Outros componentes implícitos são:

- intenção de transmissão;
- capacidade de transmissão;
- capacidade de leitura e compreensão da mensagem transmitida.

Segundo a arquivologia, um documento arquivístico é o conjunto de "documentos produzidos ou recebidos por uma pessoa física ou jurídica no decorrer de suas atividades".

Observa-se, então, que a arquivologia não define "um documento arquivístico", mas "documentos arquivísticos", uma vez que lida com agregações.

Com base nessa premissa, pode-se acrescentar aos componentes de um documento arquivístico identificados pela diplomática mais dois outros:

- criador: pessoa física ou jurídica;
- relação orgânica: relação que os documentos arquivísticos têm uns com os outros e com a atividade que os gera.

Modelo 2

O que é um documento arquivístico completo em ambiente tradicional?

É o documento que possui todos os elementos de forma exigidos pelo sistema jurídico no qual é criado, principalmente aqueles da forma intelectual, relativos à articulação do conteúdo e às anotações.

Em relação à articulação de conteúdo, os elementos mínimos exigidos para que um documento arquivístico seja considerado completo são:

- data;
- autor;
- destinatário;
- assunto;
- título (para documentos não-textuais, como mapas, gráficos etc.).

Em relação às anotações, isto é, aos acréscimos feitos ao documento após sua elaboração, estas compreendem autenticação (para certos tipos de documentos), observações, como ciente, urgente, conferido, código de classificação; data do recebimento; nome de quem recebeu; e outros acréscimos exigidos pelo sistema jurídico no qual o documento é criado.

Modelo 3

O que é um documento arquivístico fidedigno em ambiente tradicional?

É o documento digno de fé, isto é, dotado de credibilidade. A fidedignidade é conferida ao documento pelo seu grau de completude, de controle sobre o procedimento de criação e pelo grau de confiabilidade do seu autor.

Em relação ao grau de completude, este já foi analisado no modelo 2.

Por procedimento de criação entende-se o corpo de regras escritas e não escritas que estabelecem uma sequência de passos, estágios ou fases a serem adotados na execução de uma atividade. Um procedimento de criação bem-estruturado implica as seguintes fases:

- iniciativa: ato que dá início ao procedimento;
- deliberação: ato que implica decisão;
- execução: ato que formaliza a transação e que se traduz na validação do documento por meio de elementos como assinatura, selo, carimbo.

A confiabilidade do autor do documento refere-se à sua competência para emiti-lo. Tal confiabilidade é assegurada, entre outras maneiras, pela restrição à capacidade de gerar documentos a apenas algumas pessoas e pela exigência de assinatura.

Modelo 4

O que é um documento autêntico em ambiente tradicional?

É o documento cuja veracidade pode ser estabelecida, ou seja, o documento é de fato o que parece ser.

A autenticidade de um documento é conferida pelo seu modo, pela sua forma e pelo estado de transmissão, bem como pela maneira como se dá sua preservação e custódia.

Por modo de transmissão entende-se o método pelo qual o documento é comunicado, sendo que, nesse item, os requisitos de garantia de autenticidade são:

- identificação do modo de transmissão, isto é, aérea, terrestre, em mãos, por fax, por correio;
- identificação do setor e dos funcionários que lidam com a correspondência;
- identificação das máquinas de transmissão (máquinas de selo, fax);
- rotinas para reunir os documentos dos diferentes setores que os produziram;
- rotinas para classificar e arquivar documentos que entram;
- rotinas para classificar e arquivar cópias de documentos que saem.

Forma de transmissão refere-se à forma física e intelectual que o documento tem quando o destinatário o recebe. Envolve a presença de um ou mais dos seguintes elementos:

- marcas d'água;
- selos;
- carimbos;
- autenticação;
- código de classificação;
- data;
- autor;
- destinatário.

Quanto ao estado de transmissão, este diz respeito ao grau de antiguidade, completude e efetividade do documento, conferindo-lhe autenticidade. Há três estados de transmissão:

- minuta: versão temporária, preparada para alteração;
- original: primeiro documento completo e efetivo;
- cópia: reprodução dos documentos em qualquer dos estados identificados.

O item *preservação e custódia* refere-se a procedimentos de manutenção dos documentos de valor intermediário e permanente. No caso dos primeiros, os procedimentos envolverão armazenamento, recuperação, utilização, avaliação e destinação (eliminação ou guarda permanente). Já os segundos serão transferidos para um outro setor dentro da instituição ou para uma instituição arquivística. Ambas as fases incluem procedimentos de controle ambiental.

Modelo 5

Quando um documento arquivístico é criado em ambiente eletrônico?

Quando apresenta os requisitos, ou componentes, identificados no modelo 1, isto é, suporte, conteúdo, forma, pessoas, atos, relação orgânica e transmissão. Entretanto, nesse caso há que ressaltar o fato de esses requisitos terem que coexistir, ou seja, quando uma pessoa consulta uma base de dados e obtém uma resposta, a pergunta e a resposta só podem se constituir em documento arquivístico se forem salvas num suporte e ligadas à atividade que as gerou, salvando-as num determinado arquivo ou aplicando-lhes o código de classificação, de maneira que a relação orgânica seja estabelecida.

Modelo 6

Quando um documento arquivístico completo é criado em ambiente eletrônico?

Quando apresenta os elementos previstos no modelo 2, isto é, data, autor, destinatário, assunto e título, além de mais alguns outros elementos complementares que se fazem necessários devido às peculiaridades do meio eletrônico. Assim, para ser completo, um documento arquivístico em ambiente eletrônico terá:

- ❑ data, incluindo hora da transmissão, do recebimento e o lugar onde o documento é feito e/ou transmitido;
- ❑ autor e originador, já que ambos podem diferir;
- ❑ destinatário e destinatários, no caso de documentos enviados com cópias para várias pessoas;
- ❑ assunto;
- ❑ título (para documentos não textuais).

Em relação aos elementos autor e originador, é importante observar que em ambiente eletrônico o nome do autor, no final do documento, não pode ser considerado uma atestação porque tal elemento pode ser digitado por qualquer pessoa. Da mesma forma, embora o nome do originador apareça automaticamente no cabeçalho do documento, este também não tem função de atestação. Caso o sistema possua um esquema de segurança capaz de garantir que só o possuidor do endereço eletrônico pode utilizá-lo, tem-se a identificação do autor, mas ainda sem valor de atestação. Esta seria dada por meio de um selo eletrônico (símbolo associado ao autor) ou da assinatura digital.

Modelo 7

Como criar um documento arquivístico fidedigno em ambiente eletrônico?

Conferindo-lhe os requisitos previstos no modelo 3, isto é, completude, procedimento de criação e confiabilidade do autor. Entretanto, no caso do ambiente eletrônico os elementos de completude, que já aparecem no documento, aparecerão também no chamado "perfil do documento" (ou metadado) acrescidos de alguns outros. Assim sendo, o perfil do documento se constitui num anexo ao documento arquivístico que contém todos os elementos da sua forma intelectual, conforme identificados a seguir:

- data;
- autor;
- destinatário;
- assunto;
- data, hora e local da transmissão;
- data, hora e local do recebimento;
- código de classificação;
- número do protocolo.

Em relação ao procedimento de criação do documento arquivístico em ambiente eletrônico, além do "perfil do documento" são necessários outros procedimentos, como:

- identificação das redes de comunicação, do sistema eletrônico e do software;
- identificação dos usuários do sistema e de seus privilégios dentro do mesmo;
- definição, dentro do sistema, dos seguintes espaços:

    espaço geral – aquela parte do sistema acessível a todos os membros da instituição, gerenciado, de acordo com as regras arquivísticas, por um *staff* competente, e que contém o sistema de arquivamento central da instituição. A principal característica do espaço geral é que uma vez ali, o documento não pode mais ser alterado;

espaço do grupo – aquela parte do sistema acessível a todos os funcionários que compartilham a mesma competência, horizontalmente e verticalmente, temporariamente e permanentemente. Esse espaço contém muitas versões (minutas) do mesmo documento, comentários etc.;

espaço individual – aquela parte do sistema acessível individualmente pelos funcionários. Deve ser distinto do espaço particular, isto é, do espaço para uso pessoal dos funcionários;

- identificação de meios seguros para acessar o sistema (cartão magnético, senha).

Quanto à confiabilidade do autor, esse requisito de fidedignidade do documento eletrônico é assegurado pela implantação de controle de acesso dos usuários do sistema e de seus privilégios, conforme dito anteriormente, bem como de uma trilha de auditoria sobre os usos do sistema.

MODELO 8

Como garantir e/ou provar a autenticidade de um documento arquivístico eletrônico?

Através dos requisitos identificados no modelo 4, isto é, pelo modo, forma e estado de transmissão do documento, bem como pelo seu modo de preservação e custódia.

Em relação ao *modo de transmissão*, ela pode ser assegurada da seguinte maneira:

- pela definição das circunstâncias em que se dará a transmissão dos documentos dentro do espaço geral, individual e do grupo, numa perspectiva interna e externa;
- pela inclusão no sistema de uma trilha de auditoria capaz de rastrear essa circulação (data, hora, pessoas, assunto).

O requisito *forma de transmissão*, tal como descrito no modelo 4, implica que o documento tenha a mesma forma física e intelectual do momento em que é enviado ao momento em que é recebido. No caso do documento eletrônico, tal forma pode ser assegurada por meio da assinatura digital.

Quanto ao *estado de transmissão*, isto é, minuta, cópia ou original, no caso de documentos eletrônicos esse estado vai depender da rota do documento dentro do sistema (espaço geral, individual e do grupo).

Em relação ao modo de preservação ou custódia, além dos requisitos observados no modelo 4 devem-se acrescentar os seguintes: rotina de *backup* dos documentos do sistema; rotina em que as cópias *master* sejam preservadas em ambiente climatizado e seguro, enquanto outras são reservadas para os usuários; rotina de autenticação das cópias *master*; sistema regular de cópia e/ou migração.

Uma vez estabelecidos os oito modelos aqui descritos, a equipe do projeto da UBC passou a buscar um padrão técnico que traduzisse os conceitos e hipóteses em requisitos para a criação, uso e preservação de documentos fidedignos e autênticos.

Por outro lado, especialistas em reengenharia da Força-Tarefa de Gerenciamento de Documentos do Departamento de Defesa dos EUA (DOD-RMTF) estavam procurando desenvolver requisitos para sistemas de gerenciamento arquivístico de documentos em suporte tradicional e eletrônico, a serem implantados no próprio DOD.

A confluência de interesses da equipe da UBC e dos especialistas do DOD resultou numa parceria, iniciada em janeiro de 1995, na qual o segundo ofereceu seu próprio modelo técnico, a chamada Linguagem de Definição Integrada (Idef), enquanto a Universidade de British Columbia disponibilizou a fundamentação teórica que já havia estruturado. O modelo Idef viabilizou a análise e a representação gráfica dos conceitos da diplomática e da arquivologia de maneira a torná-los compreensíveis aos projetistas de sistemas. Os conceitos foram então traduzidos em *modelos de atividades* e *modelos de entidades*, acompanhados de um glossário minucioso com 161 termos.

Os *modelos de atividades* definem as atividades associadas à função identificada pelo projeto de como "gerenciar fundos arquivísticos". Tal função equivaleria a uma árvore cujos nós representariam as atividades decompostas hierarquicamente em subatividades, conforme os diagramas 1 e 2.

Diagrama 1

Gerenciar fundos arquivísticos			
Gerenciar estrutura arquivística (A1)	Criar documentos (A2)	Utilizar documentos (A3)	Preservar documentos (A4)
Levantar informações sobre a instituição criadora dos documentos e sobre os documentos (A11)	Agir (A31)	Consignar documentos ao arquivo corrente (A31)	Armazenar documentos de valor intermediário (A41)
Estabelecer estrutura arquivística (A12)	Receber documentos (A22)	Recuperar documentos (A32)	Rever documentos (A42)
Implementar estrutura arquivística (A13)	Classificar documentos (A23)	Copiar documentos (A33)	Recuperar documentos (A43)
Manter estrutura arquivística (A14)	Registrar documentos (A24)	Fazer anotações em documentos (A34)	Transferir documentos de valor permanente (A44)
		Remover documentos do arquivo corrente (A35)	Descartar documentos (A45)

Fonte: Duranti; Eastwood & MacNeil [1997].

Diagrama 2

Gerenciar estrutura arquivística (A1)			
Levantar informações sobre a instituição criadora de documentos e sobre os documentos (A11)	Estabelecer estrutura arquivística (A12)	Implementar estrutura arquivística (A13)	Manter estrutura arquivística (A14)
Levantar informações sobre a instituição criadora de documentos (A111)	Criar código de classificação (A121)	Criar sistema de gerenciamento arquivístico de documentos de valor corrente e intermediário e de preservação de documentos de valor intermediário e permanente (A131)	Monitorar o sistema (A141)
Levantar informações sobre os documentos de valor permanente (A112)	Criar tabela de temporalidade (A122)	Criar procedimentos que integrem atividades e documentação (A132)	Rever o sistema (A142)
Levantar informações sobre os documentos de valor intermediário (A113)	Definir privilégio de acesso (A123)	Treinar funcionários (A133)	Rever os procedimentos (A143)
Levantar informações sobre os documentos de valor corrente (A114)			Atualizar funcionários (A144)
Compilar inventário de documentos (A115)			

Fonte: Duranti; Eastwood & MacNeil [1997].

A característica implementadora da atividade A13 definiu sua escolha para mais um exemplo gráfico. Trata-se do diagrama 3, também retirado do projeto da Universidade de British Columbia, devidamente acompanhado de um quadro explicativo.

Diagrama 3
Activity Model A13: Implement Archival Framework

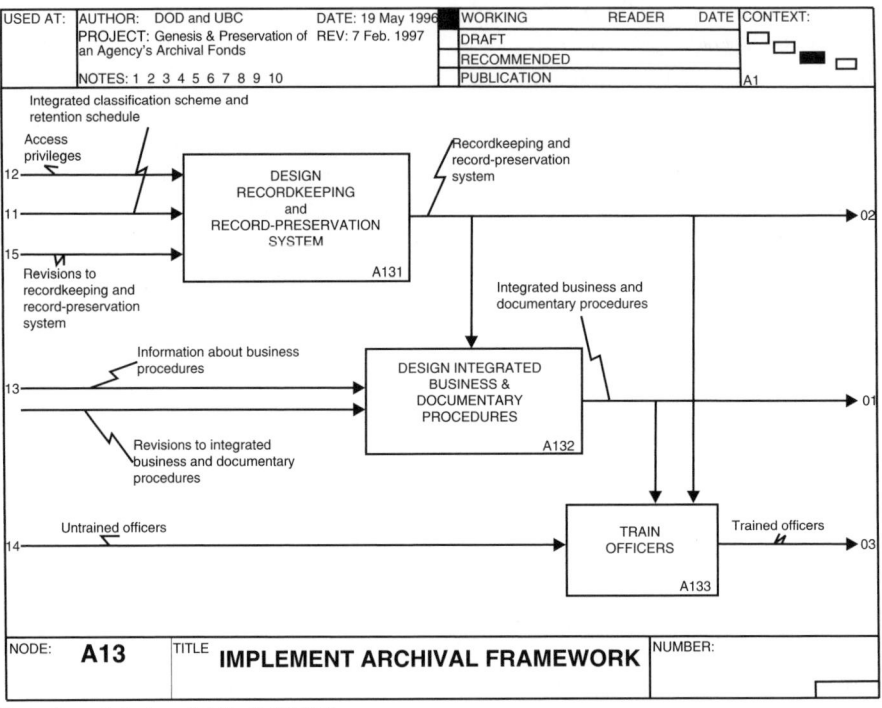

USED AT:	AUTHOR: DOD and UBC DATE: 19 May 1996	WORKING	READER	DATE	CONTEXT:
	PROJECT: Genesis & Preservation of REV: 7 Feb. 1997	DRAFT			
	an Agency's Archival Fonds	RECOMMENDED			
	NOTES: 1 2 3 4 5 6 7 8 9 10	PUBLICATION			A1

[Diagrama com caixas: DESIGN RECORDKEEPING and RECORD-PRESERVATION SYSTEM (A131); DESIGN INTEGRATED BUSINESS & DOCUMENTARY PROCEDURES (A132); TRAIN OFFICERS (A133). Entradas: Integrated classification scheme and retention schedule; Access privileges (12); (11); (15) Revisions to recordkeeping and record-preservation system; Information about business procedures (13); Revisions to integrated business and documentary procedures; Untrained officers (14). Saídas: Recordkeeping and record-preservation system (02); Integrated business and documentary procedures; (01); Trained officers (03).]

NODE: **A13**	TITLE: IMPLEMENT ARCHIVAL FRAMEWORK	NUMBER:

Fonte: Duranti; Eastwood & MacNeil [1997].

Quadro explicativo do diagrama 3

Modelo de atividade A13: Implementar estrutura arquivística		
Termo	**Tradução**	**Definição do termo (glossário)**
Implement archival framework	Implementar estrutura arquivística	Criar sistema de gerenciamento arquivístico de documentos de valor corrente e intermediário e de preservação de documentos de valor intermediário e permanente; criar procedimentos que integrem atividades e documentação; treinar funcionários.

continua

Termo	Tradução	Definição do termo (glossário)
Integrated classification scheme and retention schedule	Esquema de classificação de documentos e tabela de temporalidade integrados	Instrumento que integra o esquema de classificação de documentos e a tabela de temporalidade.
Access privileges	Privilégios de acesso	Autorização para ler, classificar, recuperar, transferir e destruir documentos, concedida a determinados funcionários dentro da instituição.
Design recordkeeping and record-preservation system (A131)	Ver definição	Criar sistema de gerenciamento arquivístico de documentos de valor corrente e intermediário e de preservação de documentos de valor intermediário e permanente.
Revisions to recordkeeping and record-preservation system	Revisões do sistema de gerenciamento arquivístico de documentos de valor corrente e intermediário e de preservação de documentos de valor intermediário e permanente	Modificações do sistema de gerenciamento arquivístico de documentos de valor corrente e intermediário e de preservação de documentos de valor intermediário e permanente de acordo com as recomendações do relatório de avaliação.
Information about business procedures	Informações sobre procedimentos e atividades	Informações sobre os procedimentos que definem as ações e o fluxo de trabalho envolvidos na execução das funções da instituição.
Design integrated business and documentary procedures (A132)	Ver definição	Criar procedimentos que integrem atividades e documentação.

continua

Termo	Tradução	Definição do termo (glossário)
Integrated business and documentary procedures	Ver definição	Os procedimentos relativos à execução das atividades da instituição têm que estar associados aos documentos resultantes dessas atividades.
Revisions to integrated business and documentary procedures	Revisões dos procedimentos que integram atividades e documentação	Modificações nos procedimentos que integram atividades e documentação de acordo com as mudanças ocorridas no contexto administrativo e legal e com as revisões no sistema de gerenciamento arquivístico de documentos de valor corrente e intermediário e de preservação de documentos de valor intermediário e permanente.
Untrained officers	Funcionários não treinados	Funcionários ainda não submetidos a treinamento para a atividade "implementar estrutura arquivística".
Train officers (A133)	Treinar funcionários	Familiarizar funcionários da instituição com o sistema de gerenciamento arquivístico de documentos de valor corrente e intermediário e de preservação de documentos de valor intermediário e permanente, e com os procedimentos que integram atividades e documentação.
Trained officers	Funcionários treinados	Gerenciamento de funcionários submetidos a treinamento para lidar com a atividade "implementar estrutura arquivística".

A equipe do projeto criou regras para cada uma das atividades inseridas na função "Gerenciar fundos arquivísticos". Mais uma vez, a característica implementadora da subatividade A13 definiu sua escolha para a apresentação de algumas regras estabelecidas para a subatividade A131, as quais estão identificadas a seguir.

A131 – Criar sistema de gerenciamento arquivístico de documentos de valor corrente e intermediário e de preservação de documentos de valor intermediário e permanente:

❏ Crie um sistema de gerenciamento arquivístico de documentos de valor corrente e intermediário e de preservação de documentos de valor intermediário e permanente de acordo com as seguintes regras: estabeleça que o sistema controlará todos os documentos da instituição, tanto os eletrônicos como os não eletrônicos; defina, dentro do sistema eletrônico, limites de espaço, isto é, espaço geral, individual e do grupo.

❏ Com base nesses limites, determine: os espaços nos quais os documentos serão criados, recebidos, revisados, modificados, classificados, registrados, temporalizados, descartados e armazenados; o direito de acesso a cada espaço com base em privilégio de acesso.

❏ Defina regras pelas quais os documentos eletrônicos se moverão dentro e fora da instituição, determinando: os componentes do "perfil de documentos" para os documentos internos e os documentos que entram e saem da instituição, de acordo com o seu estado de transmissão e o espaço no qual transitam; a rota dos documentos recebidos e enviados pela instituição, definindo se os documentos que entram podem ser recebidos diretamente pelo espaço individual e vice-versa.

❏ Estabeleça o momento em que o sistema eletrônico gerará o "perfil do documento" e defina os campos que o compõem, de acordo com a rota de cada documento nos espaços do sistema.

Exemplo: Todo documento feito no espaço individual e salvo nesse espaço deve ter incluído em seu perfil pelo menos a data, o autor, o destinatário e o assunto.

❏ Defina os campos do "perfil do documento" para documentos não eletrônicos.

❏ Estabeleça o estado de transmissão dos documentos eletrônicos e uma forma de controle, como a que se segue:

❏ qualquer documento não transmitido é uma minuta;

❑ qualquer documento transmitido para o espaço geral é recebido como um original;

❑ qualquer documento transmitido externamente é arquivado pelo remetente como uma cópia da minuta final e recebido pelo destinatário como um original;

❑ qualquer documento que entra na instituição é recebido como um original;

❑ todo documento recebido no espaço do grupo é um original mas pode ser alterado e transformado em minuta de um outro documento.

Em relação aos modelos de entidades, estes definem as entidades associadas às atividades. Tais entidades são: instituição/departamento/setor, código de classificação de documentos, procedimentos, dossiê, documento. Às entidades *dossiê* e *documento* foram acrescentados atributos, os quais se traduzem nos elementos que integram o perfil do documento, conforme demonstrado no modelo 7.

Com base nos modelos aqui referidos, o DOD elaborou um formato--padrão denominado 5015.2, que vem sendo utilizado para certificar vendedores de softwares de gerenciamento eletrônico de documentos. Tal padrão também vem sendo cogitado pelo Arquivo Nacional dos EUA para ser adotado em todas as instituições públicas federais do país.

As descobertas conceituais do projeto da UBC se inserem em duas categorias:

1. métodos específicos para assegurar a fidedignidade e a autenticidade dos documentos eletrônicos;

2. questões de gerenciamento referentes à manutenção e à preservação de documentos eletrônicos fidedignos e autênticos.

A categoria 1 se subdivide em:

1.1 a fidedignidade e a autenticidade dos documentos eletrônicos são mais bem asseguradas pela adoção de regras em todo o sistema de documentos eletrônicos e não eletrônicos e pela integração dos procedimentos administrativos e documentários;

1.2 a fidedignidade e a autenticidade dos documentos eletrônicos são mais garantidas pela ênfase a seu contexto documentário, isto é, pela adoção de procedimentos que fortaleçam a relação orgânica dos documentos;

1.3 a fidedignidade e a autenticidade dos documentos eletrônicos só podem ser preservadas através do gerenciamento integrado dos documentos eletrônicos e não eletrônicos da instituição.

A categoria 2 se subdivide em:

2.1 o gerenciamento da preservação da integridade dos documentos eletrônicos pode ser cuidadosamente dividido em duas fases: uma dirigida ao controle da criação e da manutenção de documentos correntes e intermediários, fidedignos e autênticos, e outra dirigida à preservação de documentos permanentes autênticos;

2.2 a integridade dos documentos eletrônicos é mais bem-preservada quando se atribui a responsabilidade pela sua fidedignidade ao órgão encarregado da sua criação e a responsabilidade pela sua autenticidade ao órgão encarregado da sua preservação.

As descobertas da categoria 2 levaram a equipe da UBC a propor outro projeto de pesquisa, dessa vez voltado para a questão da preservação dos documentos eletrônicos de valor permanente. A amplitude e a complexidade do tema justificavam um esforço interdisciplinar e internacional, e assim, já em 1997, Luciana Duranti convidou formalmente representantes de instituições arquivísticas públicas e setores privados para formar um grupo de pesquisa sob sua coordenação.

O primeiro encontro do grupo se deu em 1998, em Washington, e resultou no lançamento do projeto intitulado "Pesquisa internacional sobre documentos arquivísticos autênticos em sistemas eletrônicos", ou Interpares.

O Interpares é financiado pelas seguintes instituições: Conselho Nacional de Pesquisa em Ciência Social e Humanidades do Canadá, Comissão Nacional Americana de Publicações e Documentos Históricos, Arquivo Nacional dos EUA e Conselho Italiano de Pesquisa. Os países participantes são: Canadá, EUA, Itália, Países Baixos, Suécia, Finlândia, França, Espanha, Inglaterra, Escócia, Irlanda, Austrália, China e Hong Kong.

O objetivo geral do Interpares é, ainda com base na arquivologia e na diplomática, identificar métodos que garantam a preservação dos documentos eletrônicos a partir do momento em que estes deixam de interessar à instituição que os criou e passam a assumir um contexto de importância histórico-social. O referido projeto encontra-se em pleno desenvolvimento e é aberto à participação de qualquer país interessado, desde que este assuma os encargos financeiros inerentes ao seu engajamento.

Em relação aos resultados do projeto da UBC, além do próprio Interpares, identificamos o padrão 5015.2 do DOD e a possibilidade de sua adoção pelas instituições públicas federais americanas. Sobre esses dois pontos, em mensagem eletrônica enviada em 28 de fevereiro de 2002, Heither MacNeil declarou:

> Até onde eu entendo, o padrão DOD não está limitado ao DOD. É um padrão para todo o governo, o que significa que há uma expectativa de que qualquer instituição federal dos EUA que pretenda comprar um software de gerenciamento de documentos arquivísticos cumpra com o padrão do DOD. Projetistas de softwares de gerenciamento de documentos arquivísticos estão agora fazendo seus produtos conforme esse padrão. Assim, qualquer instituição que use o software do DOD está implementando alguns dos resultados do projeto da UBC.

A experiência australiana

No início dos anos de 1990, o Arquivo Nacional da Austrália (ANA) iniciou um processo de revisão da política de gerenciamento arquivístico dos documentos das instituições públicas daquele país. Essa iniciativa foi motivada pelos relatórios dos auditores que identificavam um declínio na qualidade dos documentos produzidos pelas instituições governamentais. Tal declínio, simultâneo à proliferação dos documentos eletrônicos, comprometia a capacidade de essas instituições produzirem provas confiáveis e duradouras de suas atividades.

Na verdade, a disseminação dos recursos tecnológicos vinha conduzindo à adoção de novas práticas, como a de manter documentos importantes em discos rígidos, em caixas de correio eletrônico e em pastas individuais ou compartilhadas, que não satisfaziam as exigências para a produção de provas sobre as ações governamentais.

Foi a partir desse contexto de inquietação que a Universidade de Monash promoveu, em 1993, um *workshop* intitulado "Entendendo sistemas de gerenciamento arquivístico de documentos". Na ocasião, David Bearman apresentou o modelo proposto pelo projeto da Universidade de Pittsburgh, nos EUA, cuja equipe integrava como consultor. Três anos depois, com base no modelo apresentado por Bearman, elaborou-se o Australian Standard 4390-1996, *Records management*, ou AS4390-1996, *Records management*, isto é, um conjunto de normas que fornece uma estrutura metodológica para o bom gerenciamento arquivístico de documentos, convencionais e eletrônicos, em nível nacional.

O AS4390-1996, *Records management*, totalmente apoiado pelo Arquivo Nacional, preconiza que os documentos sejam criados e gerenciados de maneira sistemática, levando em conta, desde o início, tanto o seu uso imediato como de longo prazo.

Dentro desse contexto de revisitação das práticas arquivísticas, em março de 2000 o Arquivo Nacional da Austrália lançou um conjunto de instrumentos on-line capazes de viabilizar a correta administração dos documentos das instituições públicas daquele país, particularmente os eletrônicos. Entre os instrumentos então disponibilizados estava a primeira versão do Dirks (*Designing and implementing recordkeeping systems*), manual de gerenciamento arquivístico de documentos, elaborado em colaboração com o Arquivo Estadual de New South Wales, a partir do AS4390-1996, *Records management*, e da ISO 15489, *Records management*.

Durante todo o ano de 2000 o Dirks foi utilizado, em caráter experimental, em algumas instituições públicas, tendo sido avaliado e revisto. Em setembro de 2001, uma versão definitiva do manual foi lançada, agora sob o título de *Dirks – a strategic approach to managing business information*. Apesar da nova denominação, a popularidade da sigla Dirks fez com que esse acrônimo fosse mantido.

Tal como o modelo de Pittsburgh, o Dirks preconiza que a identificação dos requisitos para gerenciamento arquivístico de documentos seja feita com base na garantia literária, ou seja, através do levantamento de leis gerais e específicas e de normas e práticas profissionais consagradas, que permeiam as instituições e suas atividades. Isso porque somente a partir desse levantamento a instituição saberá que tipo de prova suas atividades precisam criar, que forma deve ter, quanto tempo deve ser guardada e que tipo de acesso deve ser dado a essa mesma prova.

Entre as leis gerais identificadas pelo Dirks, destacamos as seguintes:

- Lei de Arquivos, de 1983 – cria o Arquivo Nacional da Austrália e estabelece suas atribuições;

- Lei de Liberdade de Informação (FOI), de 1982 – permite o amplo acesso dos cidadãos aos documentos das instituições públicas;

- Lei de Privacidade, de 1988 – limita o acesso à informação sobre os indivíduos e concede às pessoas o direito de obter informações sobre si próprias;

- Lei de Prova, de 1995 – modifica profundamente o sistema judiciário federal.

A metodologia do Dirks envolve oito passos, a saber:

- análise das funções e atividades desempenhadas pela instituição;
- identificação dos requisitos para gerenciamento arquivístico de documentos;
- avaliação dos sistemas de gerenciamento de documentos existentes na instituição;
- identificação de estratégias para gerenciamento arquivístico de documentos;
- elaboração do sistema de gerenciamento arquivístico de documentos;
- implementação do sistema de gerenciamento arquivístico de documentos;
- avaliação do funcionamento do sistema de gerenciamento arquivístico de documentos.

Em relação ao primeiro passo, ou seja, "análise das funções e atividades desempenhadas pela instituição", observa-se que, no que diz respeito à adoção de uma abordagem funcional ou estrutural para o gerenciamento arquivístico de documentos, o Dirks é francamente a favor da primeira, argumentando que "funções fornecem um foco estável ao longo do tempo. Mudanças administrativas ocorrem com frequência no setor público e, invariavelmente, afetam as estruturas organizacionais" (Dirks, 2000).

Para o manual australiano, o gerenciamento arquivístico por funções facilita a avaliação, contextualiza melhor os documentos e permite maior acessibilidade.

O Dirks orienta que a equipe encarregada de implementar ou de rever um sistema de gerenciamento arquivístico de documentos seja interdisciplinar e integrada pelos seguintes profissionais: arquivistas, administradores, advogados, auditores, gerenciadores de projetos, especialistas em tecnologia da informação e em telecomunicações, como analistas de sistemas e gerenciadores de rede, e, finalmente, funcionários escolhidos pela instituição.

Segundo o Dirks (2001:1) e com base na ISO 15489, *Records management*, documento arquivístico é:

> informação criada, recebida e mantida como prova e informação por uma instituição ou pessoa, no cumprimento de suas obrigações legais ou em transações de negócios.

Ao diferenciar documentos arquivísticos de outros tipos de registro de informação, o Dirks ressalta que os primeiros são fixos, isto é, são o resultado de ações específicas, em momentos específicos, e que, para servir de prova, precisam ser mantidos inalterados.

Com base nessa definição, o Dirks sustenta que, para ser prova, o documento arquivístico tem que ser:

- *autêntico* – o documento é exatamente o que diz ser. Para tanto, precisa ser protegido de intervenções não autorizadas e ter sua tramitação controlada;
- *fidedigno* – o conteúdo do documento representa verdadeiramente a transação a que se refere. Nesse sentido, deve ser criado e capturado na hora certa, pela pessoa que conhece a transação, ou gerado automaticamente por processos consagrados pela instituição;
- *completo e inalterado* – o documento tem que ser protegido de intervenções não autorizadas, sendo que acréscimos, anotações e eliminações permitidas têm que ser monitorados e rastreados;
- *usável* – o documento tem que ser passível de localização, recuperação e interpretação pelo tempo em que seu valor de prova persistir.

Finalmente, para garantir essas qualidades, o documento arquivístico deverá integrar um sistema capaz de executar as seguintes operações:

- *captura* – determina formalmente que o documento deve ser capturado pelo sistema;

- *registro* – formaliza a captura por meio de um identificador e uma breve descrição do documento, tal como data, hora, título, assunto;

- *classificação e indexação* – identifica as atividades relacionadas ao documento e o liga a outros documentos de maneira a facilitar a descrição, o controle, a destinação e o acesso;

- *acesso e segurança* – estipula direitos ou restrições para uso de determinados documentos;

- *avaliação* – identifica o período de retenção do documento no momento da sua captura e registro;

- *armazenamento* – mantém os documentos pelo tempo em que possam ser exigidos legalmente;

- *uso e rastreamento* – assegura que apenas determinados funcionários podem ter acesso a certos documentos e que tal acesso pode ser rastreado como medida de segurança;

- *destinação* – identifica documentos com temporalidade semelhante, revê todo o uso desse documento para confirmar ou alterar sua temporalidade e mantém um termo de eliminação para fins de auditoria.

Todas essas operações implicam a geração de metadados, os quais desempenham um papel essencial no gerenciamento responsável de documentos arquivísticos.

O ANA criou o chamado Padrão de Metadados para Gerenciamento Arquivístico, que funciona como instrumento complementar do Dirks.

O padrão de metadados criado pelo ANA se constitui de 20 elementos, dos quais oito são obrigatórios, e de 65 subelementos, que descrevem os documentos, visando ao seu controle físico e intelectual. O arquivo australiano chama a atenção para o fato de que, embora elaborado para documentos eletrônicos, o padrão de metadados pode ser aplicado também em sistemas de gerenciamento arquivístico de documentos convencionais ou sistemas híbridos.

Os elementos aqui referidos se distribuem nas mesmas seis camadas propostas pelo modelo de Pittsburgh, conforme o quadro 1:

Quadro 1
Metadados para o gerenciamento arquivístico de documentos

Elemento	Definição	Camada
Agente	Refere-se ao contexto jurídico-administrativo da instituição criadora do documento. Obrigatório.	Contextual
Direitos de gerenciamento	Refere-se às políticas, leis, avisos que regulam o acesso e o uso dos documentos. Obrigatório.	Termos e condições
Título	Identifica o assunto do documento de maneira genérica, com base num tesauro. Obrigatório.	Conteúdo
Assunto	Identifica o teor específico do documento. Opcional.	Conteúdo
Descrição	Faz uma breve descrição do documento. Opcional.	Conteúdo
Linguagem	Identifica o idioma em que o documento se apresenta. Opcional.	Conteúdo
Relação	Identifica a relação orgânica dos documentos. Opcional.	Contextual
Cobertura	Identifica o documento por característica jurisdicional, espacial e temporal. Aplica-se a instituições que trabalham com dados estatísticos e geoespaciais em grande escala. Opcional.	Conteúdo
Função	Identifica as funções e atividades refletidas nos documentos. Opcional, mas altamente recomendado.	Contextual
Data	Identifica data e hora em que um documento é enviado ou recebido; data e hora em que a ação à qual o documento se fere se concretiza e data e hora em que o documento é capturado pelo sistema de gerenciamento arquivístico, ou seja, em que passa a ser controlado formalmente. Obrigatório.	Registro

continua

Elemento	Definição	Camada
Tipo	Refere-se à tipologia documental. Opcional.	Estrutural
Nível de agregação	Identifica um documento como unidade ou dossiê. Opcional.	Estrutural
Formato	Refere-se à estrutura física e lógica do documento. Opcional.	Estrutural
Identificador de documento	Identifica o documento independentemente do seu nível de agregação, isto é, unidade ou dossiê. Obrigatório.	Registro
História do gerenciamento	Refere-se à descrição de todas as ações de gerenciamento de um documento desde sua entrada no sistema até sua destinação final. Obrigatório.	História do uso
História do uso	Refere-se à descrição de todas as tentativas, legais e ilegais, de acesso e uso de um documento, desde sua entrada no sistema até sua destinação final. Opcional.	História do uso
História da preservação	Refere-se a tudo o que foi feito para preservar a capacidade de leitura e de acesso do documento a partir da sua entrada no sistema e pelo tempo em que este tiver valor para a instituição e para a comunidade em geral. Opcional.	Estrutural
Localização	Refere-se à localização do documento no sistema. Opcional para documentos eletrônicos. Obrigatório para outros tipos de documentos.	Registro
Destinação	Refere-se a informações sobre temporalidade dos documentos. Obrigatório.	Termos e condições
Mandato	Refere-se à informação sobre as fontes (legislação, normas, padrões, práticas profissionais) que fundamentam os requisitos para gerenciamento arquivístico de documentos. Opcional.	Contextual

Fonte: Austrália, 2000d.

O Arquivo Nacional da Austrália considera o Dirks a pedra fundamental da sua nova política de gerenciamento arquivístico de documentos da Administração Pública Federal. Nesse sentido, o arquivo australiano provê toda orientação necessária à implementação do referido manual e alerta para o fato de que os gastos inerentes a esse tipo de trabalho (pessoal, tempo e dinheiro) resultarão em dividendos para a instituição, para o governo e para a sociedade.

Além do padrão de metadados, o ANA desenvolveu uma série de outros instrumentos complementares ao Dirks, como:

- padrão de metadados AGLS:[22] recurso on-line para localização das informações governamentais disponíveis na internet;

- orientação para gerenciamento arquivístico de *websites* e outros documentos on-line;

- tabela de temporalidade para as atividades-meio;

- orientação para a elaboração de tabela de temporalidade para as atividades-fim;

- orientação para a elaboração de código de classificação de documentos;

- orientação para gerenciamento de armazenamento de documentos;

- guia para ajudar as instituições públicas a gerenciar seus documentos, particularmente os eletrônicos, de maneira a satisfazer a nova lei sobre admissibilidade de prova (Evidence Act 1995) da Austrália.

A nova política de gerenciamento arquivístico do ANA baseia-se na premissa de que um bom governo repousa no tratamento responsável e eficiente de seus documentos, tratamento esse que deve ser ainda mais criterioso em tempos de documentos eletrônicos.

Com o objetivo de enfatizar o seu novo papel, que é o de uma instituição capaz de liderar e assistir o trabalho arquivístico das instituições públicas australianas frente aos desafios trazidos pela tecnologia da informação, o ANA adotou como símbolo de sua campanha uma logomarca formada pela expressão *e-permanence*, inscrita numa pedra. Sobre essa iniciativa, em mensagem eletrônica enviada em 7 de fevereiro de 2001, o diretor de comunicação e treinamento do ANA, Kerrie Scott, salientou

---

[22] Australian Government Locator Service.

que: "A logo tem sido bem-sucedida em ilustrar que nossos padrões assegurarão que documentos eletrônicos serão duráveis como se tivessem sido escritos na pedra".

Figura 2
Símbolo da campanha do ANA

Fonte: Austrália, 2000.

As iniciativas brasileiras

Ao contrário das ações internacionais anteriormente analisadas, as iniciativas brasileiras, no que tange à Tecnologia da Informação, não têm contemplado o gerenciamento arquivístico de documentos eletrônicos, antes têm-se limitado à implementação, por parte do Poder Executivo Federal, de programas voltados para a disponibilização de serviços e de informações ao cidadão via internet, conforme passamos a descrever.

Programa Sociedade da Informação no Brasil

A origem do Programa Sociedade da Informação no Brasil remonta ao lançamento, em setembro de 1989, da Rede Nacional de Pesquisa (RNP), que tinha por objetivo a implantação da internet no país. Tal iniciativa se deu no âmbito do Ministério da Ciência e Tecnologia (MCT) e reflete a percepção do Estado brasileiro sobre a necessidade de inserir o país na nova ordem tecnológica digital e informacional.

Entre os anos de 1992 e 1996, a Rede Nacional de Pesquisa manteve seu ritmo de crescimento como parte integrante do programa Desenvolvimento Estratégico em Informática (Desi).

Em junho de 1997, o governo federal deu mais um passo em direção à elaboração do Programa Sociedade da Informação no Brasil ao instituir o chamado Grupo de Trabalho sobre Sociedade da Informação (GT-Socinfo). O grupo, criado no âmbito do Conselho Nacional de Ciência e Tecnologia do MCT, tinha por objetivo

> estudar os aspectos relativos ao desenvolvimento do Projeto Brasileiro de Sociedade da Informação e estabelecer nova geração de redes internet, com benefícios estendidos a toda a sociedade, além da incumbência de construir um projeto de amplitude nacional para articular e coordenar o desenvolvimento e a utilização de serviços avançados de computação, comunicação e informação e suas aplicações na sociedade (Brasil, 2001e).

Entre os anos de 1997 e 1999, o GT-Socinfo elaborou o documento intitulado "Ciência e tecnologia para a construção da sociedade da informação", e realizou estudos comparativos sobre projetos semelhantes em 20 países.

Finalmente, o Decreto nº 3.294, de 15 de dezembro de 1999, instituiu o Programa Sociedade da Informação no Brasil, o qual, sob a coordenação do MCT, integra um conjunto de projetos que compõem o Plano Plurianual 2000-2003, com recursos estimados em R$3,004 bilhões

O Programa Sociedade da Informação no Brasil tem por objetivo

> integrar, coordenar e fomentar ações para a utilização de tecnologias de informação e comunicação, de forma a contribuir para que a economia do país tenha condições de competir no mercado global e, ao mesmo tempo, contribuir para a inclusão social de todos os brasileiros na nova sociedade (Brasil, 2001e).

O programa conta com sete linhas de ação (anexo 1), e sua implantação previa as seguintes fases:

- implementação – apresentação, em 24 de outubro de 2000, de uma primeira proposta de programa, configurada no chamado Livro Verde; consulta à sociedade sobre a proposta; inclusão das sugestões apresentadas pela sociedade num plano de ação definitivo, ou seja, no Livro Branco;

❏ execução – implementação das principais ações previstas no Livro Branco por meio de parcerias, contratos, editais etc. (até junho de 2001); acompanhamento das questões em curso e implantação de outras (julho de 2001 a junho de 2002); avaliação geral do programa e elaboração de um novo conjunto de propostas a serem implementadas a partir de 2004.

Há que esclarecer que os prazos previstos têm sofrido alterações.

A fase de execução envolve parcerias entre governo, empresas e sociedade civil, e pressupõe planejamento, orçamento e acompanhamentos específicos.

O Programa Sociedade da Informação no Brasil traz em seu bojo os fundamentos para a criação do Grupo de Trabalho Interministerial, o qual, por sua vez, leva à criação do chamado governo eletrônico, ou e-Gov.

Governo Eletrônico (e-Gov)

O Decreto Presidencial de 3 de abril de 2000 criou, no âmbito da Casa Civil da Presidência da República, o Grupo de Trabalho Interministerial, conhecido como Grupo de Trabalho em Tecnologia da Informação (GTTI), com o objetivo de "examinar e propor políticas, diretrizes e normas relacionadas com as novas formas eletrônicas de interação" (Brasil, 2000f).

A criação do GTTI coaduna-se com as linhas de ação do Programa Sociedade da Informação no Brasil, em relação ao qual assume o papel de facilitador na busca dos seus objetivos.

Inicialmente, e por sugestão do governo, o GTTI concentrou esforços em três das sete linhas de ação do Programa Sociedade da Informação no Brasil, a saber: universalização de serviços, governo ao alcance de todos e infraestrutura avançada.

Em julho de 2000, o GTTI apresentou à Casa Civil um conjunto de propostas que apontavam para a criação do chamado Governo Eletrônico, o qual, em linhas gerais, significa uma nova política de interação do governo com a sociedade, ou seja, uma interação promovida por meio eletrônico. A sugestão do GTTI foi viabilizada pelo Decreto s/n, de 18 de outubro de 2000, que criou o Comitê Executivo do Governo Eletrônico, o qual tinha por objetivo "formular políticas, estabelecer diretrizes, coordenar e articular as ações de implantação do Governo Eletrônico voltado para a prestação de serviços e informação ao cidadão" (Brasil, 2000f).

O Comitê Executivo do Governo Eletrônico atuaria com base no documento intitulado "Proposta de política de Governo Eletrônico para o Poder Executivo Federal", lançado em setembro de 2000 pelo próprio GTTI, no qual consta um plano de metas (anexo 2) com 45 itens.

Há que se observar que dos 45 itens propostos, nenhum contempla o gerenciamento arquivístico do documento eletrônico. Mesmo aqueles diretamente ligados à produção e à tramitação documental, como implantação de infraestrutura de chaves públicas, implantação de sistema de protocolo eletrônico integrado e regulamentação do uso do documento eletrônico, carecem de uma abordagem arquivística.

No caso da infraestrutura de chaves públicas, esta tem suas origens no Decreto nº 3.505, de 13 de julho de 2000, que "Institui a Política de Segurança da Informação nos órgãos e entidades da Administração Pública Federal". Em seu art. 6º, o decreto institui o Comitê Gestor de Segurança da Informação (GSI), no âmbito do Gabinete de Segurança Institucional da Presidência da República.

Segundo Rêgo (2001):

> A preocupação fundamental do Comitê GSI é a de assegurar a proteção da informação do governo e dos cidadãos. Além disso, os trabalhos do Comitê se orientam pela garantia do direito dos cidadãos à privacidade e o direito à consulta sobre os dados coletados nos sistemas governamentais, previstos na Constituição. Entre as principais atribuições do Comitê GSI estão a concepção, especificação e coordenação da implementação da infraestrutura de chaves públicas a serem utilizadas pelos órgãos e entidades da Administração Pública.

O Decreto nº 3.587, de 5 de setembro de 2000, estabeleceu normas para a Infraestrutura de Chaves Públicas do Poder Executivo Federal (ICP-Gov). No ano seguinte, em 28 de junho de 2001, a Medida Provisória nº 2.200 instituiu a InfraEstrutura de Chaves Públicas (ICP-Brasil), a qual teve como consequência o Decreto nº 3.996, de 31 de outubro de 2001, que "dispõe sobre a prestação de serviços de certificação digital no âmbito da Administração Pública Federal". Esse novo decreto, que revogou o Decreto nº 3.587, anteriormente citado, determinou que o Comitê Executivo do Governo Eletrônico seria o coordenador da implementação do ICP-Brasil.

Há que ressaltar que tais instrumentos legais, embora importantes, são insuficientes para garantir a legitimidade de ações, uma vez que se pode perfeitamente autenticar documentos não fidedignos.

Em relação ao uso exclusivo do documento eletrônico, o Decreto nº 3.585, de 5 de setembro de 2000, acrescentou dispositivo ao Decreto nº 2.954, de 29 de janeiro de 1999, determinando que "a partir de 1º de janeiro de 2001, os documentos a que se refere este decreto somente serão recebidos, na Casa Civil da Presidência da República, por meio eletrônico". Mais tarde, o Decreto nº 3.714, de 3 de janeiro de 2001, dispôs sobre o dispositivo aqui citado. Entretanto, pouco tempo depois, o Decreto nº 3.779, de 23 de março de 2001, limitou o Decreto nº 3.714 ao incluir no seu art. 1º o parágrafo único determinando que "será utilizado o meio eletrônico, na forma estabelecida neste Decreto, para remessa de aviso ministerial, exceto nos casos em que for impossível a utilização desse meio".

Trata-se de um dispositivo no mínimo constrangedor para os implementadores do Governo Eletrônico, na medida em que expõe a ausência de um conhecimento prévio, fundamental para a regulamentação do uso do documento eletrônico, sobre a realidade tecnológica dos diferentes órgãos que integram a Administração Pública Federal.

No que se refere a projetos de lei sobre o uso de documentos eletrônicos, um exemplo bastante equivocado é o de número 2.644, de 1996, de Jovair Arantes, que "dispõe sobre a elaboração, o arquivamento e o uso de documentos eletrônicos". O art. 2º desse projeto vincula o *status* de original de um documento eletrônico arquivístico à assinatura digital, ou seja, ignora completamente a diferença entre forma e *status* de transmissão e o fato de que uma assinatura digital cabe perfeitamente, também, numa minuta ou cópia. O art. 4º do mesmo projeto condiciona a validade da cópia em papel de documentos eletrônicos à existência de "meios eletrônicos que assegurem sua fidedignidade aos originais", sem, no entanto, identificar que meios seriam esses, ou seja, sem mencionar o sistema de gerenciamento arquivístico de documentos.

O Conselho Nacional de Arquivos (Conarq) tem trabalhado ativamente no sentido de incluir a questão arquivística nos projetos governamentais relativos à Tecnologia da Informação. Em dezembro de 2000 o referido conselho respondeu à consulta pública sobre o "Projeto de Lei que dispõe sobre a Autenticidade e o Valor Jurídico e Probatório de Documentos", de autoria do deputado Sebastião Rocha, com a apresentação de um substitutivo no qual trata a questão sob a ótica da lei de arquivos, Lei nº 8.154, de 8 de novembro de 1991.

Em dezembro de 2001, o mesmo conselho enviou à Presidência da República proposição para o Livro Branco em documento intitulado "Subsídios para inserção do segmento dos arquivos no Programa Sociedade da Informação no Brasil".

Em outra iniciativa importante, o Conarq, por meio da Portaria nº 60, de 7 de março de 2002, reformulou a Câmara Técnica de Documentos Eletrônicos, criada pela Portaria nº 8, de 23 de agosto de 1995, que passou a ser integrada por uma equipe interdisciplinar, constituída por profissionais da área de arquivologia, biblioteconomia, ciência da informação, direito e informática. A câmara conta ainda com a participação de um representante do Governo Eletrônico.

Em que pese aos esforços da comunidade arquivística brasileira, por meio do Conarq, em se inserir nos programas do governo voltados para a tecnologia da informação, este insiste em iniciativas isoladas, calcadas na premissa de que a tecnologia por si só viabilizará todas as ações propostas. Os implementadores do Governo Eletrônico não parecem convencidos da necessidade de se incluir o gerenciamento arquivístico de documentos em suporte magnético ou óptico entre suas metas. Na verdade, falta a esses implementadores o que de fato sempre faltou aos gerentes da Administração Pública brasileira, ou seja, a consciência de que suas ações geram documentos que as comprovam e que, portanto, estes precisam ser bem gerenciados. Tal realidade mostra-se, no mínimo, irônica, se considerarmos que a noção de governo eletrônico advém do conceito de governança, a qual, segundo Jardim (2000),

> refere-se à capacidade governativa em sentido mais amplo "envolvendo a capacidade da ação estatal na implantação das políticas e na consecução das metas coletivas", incluindo "o conjunto dos mecanismos e procedimentos para lidar com a dimensão participativa e plural da sociedade".

Ainda segundo Jardim (2000), "uma das dimensões presentes na relação envolvendo capacidade governativa e informação se faz presente na perspectiva do 'Governo Eletrônico (*e-government*)'".

O mesmo autor (2000) considera que:

> Em linhas gerais o Governo Eletrônico expressa uma estratégia pela qual o aparelho de Estado faz serviços governamentais, ampliando a qualidade desses serviços e garantindo maiores oportunidades de participação social no processo democrático.

Se assim é, a adoção de procedimentos arquivísticos se mantém necessária também para as iniciativas de informatização das ações do governo, porque o acesso eletrônico à informação e aos serviços governamentais deve pressupor a existência de documentos fidedignos e autênticos.

A implantação do Governo Eletrônico pelo Poder Executivo Federal tem apresentado alguns resultados, entre os quais destacamos:

- ampliação do acesso à internet por meio da instalação de maior número de Pontos Eletrônicos de Presença (PEPs);
- aumento do número de *links* disponibilizados pelo Portal Rede Governo, permitindo o rápido acesso do cidadão às informações governamentais;
- aperfeiçoamento do Comprasnet, que vem resultando em grande economia para o governo;
- informatização das escolas;
- informatização total do processo eleitoral brasileiro.

Entretanto, há que reiterar as considerações aqui apresentadas sobre a necessidade de gerenciamento arquivístico dos documentos produzidos pelo Governo Eletrônico. Afinal, se a Administração Pública Federal caminha a passos largos para sua total informatização, o tratamento arquivístico dos seus documentos precisa, mais do que nunca, ser implementado pelas mesmas razões que motivaram as iniciativas internacionais analisadas anteriormente.

A ausência desse tratamento já se faz sentir nos próprios relatórios do Governo Eletrônico, os quais são elaborados de maneira isolada, isto é, sem nenhuma referência ao plano de metas proposto. Isso significa que falta a esses documentos o elemento "organicidade", princípio tão caro à arquivologia e cuja ausência acaba por prejudicar as intenções de transparência das ações do próprio governo.

Por tudo isso, há que ressaltar que as ações do Conarq, aqui registradas, embora de suma importância, precisam de subsídios acadêmicos, que já começam a aparecer. As dissertações de mestrado, citadas no capítulo 1 deste livro, bem como a presente pesquisa, demonstram a existência de uma mobilização por parte dos profissionais de arquivo do país pela busca de um respaldo científico para o gerenciamento arquivístico dos documentos em suporte magnético ou óptico. É verdade que, conforme alerta Santos (2001:102), "as discussões arquivísticas relativas aos documentos eletrônicos no Brasil são por demais incipientes e carecem de profundidade e refinamento". Entretanto, o fato é que essas discussões já começaram e apontam para o estabelecimento de uma parceria entre a comunidade acadêmica e o Conarq. Tal parceria, associada ao diálogo com as iniciativas governamentais aqui analisadas, podem se constituir num divisor de águas tanto para essas iniciativas como para a arquivologia praticada no Brasil.

Comparando as iniciativas de gerenciamento arquivístico de documentos eletrônicos

Num estudo comparativo sobre as iniciativas de gerenciamento arquivístico de documentos eletrônicos aqui analisadas, verificamos, em primeiro lugar, que enquanto no plano internacional os estudos e projetos originam-se da comunidade arquivística, envolvendo tanto o segmento acadêmico quanto as instituições de arquivo, no Brasil as ações partem do Poder Executivo Federal e não envolvem uma parceria efetiva com os arquivistas. Como resultado, constata-se uma forte dimensão científica nos projetos internacionais, ao passo que no Brasil as iniciativas se dão a partir de um universo empírico, com forte predomínio dos recursos tecnológicos em detrimento de uma abordagem arquivística.

O quadro 2 apresenta as semelhanças e diferenças entre os projetos de Pittsburgh e da UBC.

No que diz respeito à experiência australiana e às iniciativas brasileiras, observa-se que, embora em ambos os casos tenham partido do governo federal, a primeira, além de tomar por base os estudos de Pittsburgh, foi liderada pela maior autoridade arquivística do país, isto é, o Arquivo Nacional da Austrália (ANA), e se estendeu por todas as instituições públicas australianas.

Entre os produtos resultantes das ações do ANA, destaca-se o manual de gerenciamento arquivístico de documentos, denominado *Designing and implementing recordkeeping systems* (Dirks), e posteriormente alterado para *Dirks – a strategic approach to managing business information*, disponível na internet.

Já no caso do Brasil, como já vimos, as iniciativas têm seguido uma tendência de concentração no Poder Executivo Federal, de supervalorização da tecnologia e de não inclusão dos profissionais de arquivo do país.

A comunidade arquivística internacional segue aperfeiçoando os estudos e projetos já concluídos e implementando outros, agora mais voltados para a questão da preservação de documentos eletrônicos autênticos.

No Brasil, a recente maior mobilização dos arquivistas, através das ações do Conarq, abre caminho para que as iniciativas do governo brasileiro, no que diz respeito à Tecnologia da Informação, passem a contemplar também o gerenciamento arquivístico dos documentos eletrônicos.

Quadro 2
Comparação entre os projetos das universidades de Pittsburgh e British Columbia

Semelhanças	Diferenças	
	Pittsburgh	**UBC**
Objetivo: ambos visam propor um conjunto de requisitos para o gerenciamento arquivístico de documentos convencionais ou eletrônicos ou, ainda, de documentos gerados em ambiente híbrido. *Ponto de partida*: o conceito de documento arquivístico.	❏ O documento arquivístico é conceituado como "transações registradas que fornecem prova". ❏ Os requisitos são baseados em garantia literária, ou seja, em leis, normas e práticas profissionais consagradas, dentro de um contexto jurídico particular, isto é, a partir da realidade americana. Isso quer dizer que os requisitos variam de acordo com o contexto jurídico-administrativo de cada país e com a cultura institucional. ❏ Os requisitos são identificados a partir da perspectiva do "documento continuum", a qual não diferencia as necessidades dos documentos correntes e intermediários das necessidades dos documentos permanentes, mantendo-os sempre sob a jurisdição da instituição que os gera. Abordagem pós-custodial. ❏ Produtos: garantia literária, requisitos funcionais, regras de produção, especificação de metadados, artigos sobre o tema.	❏ O documento arquivístico é conceituado como "documentos produzidos ou recebidos por uma pessoa física ou jurídica no decorrer de suas atividades". Outros conceitos importantes para o projeto são: fidedignidade e autenticidade. ❏ Os requisitos são baseados nos princípios e conceitos da arquivologia e da diplomática, ou seja, em preceitos universais, que se aplicam independentemente do contexto jurídico-administrativo e da cultura institucional. ❏ Os requisitos são identificados a partir da perspectiva do "ciclo vital", a qual diferencia as necessidades dos documentos correntes e intermediários das necessidades dos documentos permanentes, adotando uma divisão de jurisdição considerada essencial para o gerenciamento arquivístico de documentos. Abordagem custodial. ❏ Produtos: oito modelos conceituais, glossário, modelos de atividades e de entidades, regras para as atividades, atributos para as entidades (metadados), artigos sobre o tema. Podem-se ainda acrescentar o padrão 5015.2 do DOD e o próprio Interpares.

Capítulo 4

Considerações finais

Desde o ano de 1964, quando o tema "arquivologia e informática" foi abordado pela primeira vez no Congresso Internacional de Arquivos, em Paris, passando pelo relatório de Henri Bautier, em 1971, e por uma série de artigos e eventos sobre o assunto, a comunidade arquivística internacional passou por um processo que evoluiu de um lento período de assimilação dos novos registros eletrônicos arquivísticos para medidas de intervenção que começaram a ser implementadas, de fato, a partir da década de 1990.
    A principal característica desse processo é o contexto de revisitação do corpo teórico-metodológico da arquivologia, que contribuiu enormemente para o fortalecimento do crescente processo de construção dos estatutos epistemológicos da área.
    A revisão do conceito de documento arquivístico, por exemplo, destacou o caráter testemunhal do mesmo, o qual sempre estivera presente, mas passara um tanto despercebido.
    Na verdade, a redescoberta da característica do documento arquivístico como fonte de prova está totalmente vinculada ao advento do documento eletrônico, cuja estrutura lógica e dinâmica levou a uma visão equivocada de potencialização da informação em detrimento do documento propriamente dito.
    Do ponto de vista empírico, os projetos da Universidade de Pittsburgh (EUA) e da UBC (Canadá), cuja proposta prática de gerenciamento arquivístico de documentos eletrônicos é permeada por um sólido arcabouço teórico-conceitual, funcionaram como mais um nicho de incremento da epistemologia arquivística. No caso de Pittsburgh, a contribuição se dá mais pelos artigos emanados dos integrantes do projeto do que do projeto

em si, já que, como foi visto, este tomou por base leis, normas e práticas profissionais de determinadas áreas, como administração, arquivologia e outras, que constituíram a chamada garantia literária.

Já no caso da UBC, a própria fundamentação teórica do projeto, baseada na integração dos princípios e conceitos da diplomática aos da arquivologia, gerou o nicho incremental ao qual nos referimos.

O olhar da diplomática sobre os documentos como entidades individuais, associado ao da arquivologia, que os vê enquanto entidades agregadas, levou ao surgimento da diplomática arquivística contemporânea, cujos preceitos se aplicam perfeitamente ao documento eletrônico arquivístico.

O método diplomático de decomposição do documento arquivístico (eletrônico ou convencional) em seus elementos constitutivos permite a compreensão e, consequentemente, a percepção da sua completude, à qual se aplicam os conceitos de fidedignidade e autenticidade. Ao mesmo tempo, o princípio arquivístico da relação orgânica demonstra a interação dos documentos resultantes de uma mesma atividade, revelando o compromisso arquivístico existente entre eles. Tais concepções fornecem os mecanismos para a construção de sistemas eletrônicos de gerenciamento arquivístico que levarão à criação e à manutenção de documentos confiáveis.

Tanto o método diplomático quanto o legal e o histórico de avaliação da confiabilidade de um documento operam numa estrutura de inferências, generalizações e probabilidades, ou seja, possuem um potencial de indeterminação. Assim, a análise diplomática representa o mundo real, isto é, não o reconstrói. A pesquisa histórica constrói o passado histórico, isto é, não reconstrói o passado real, e a investigação produz evidências sobre o fato, e não o fato em si.

Tais considerações equivalem a dizer que a diplomática, o direito e a história atuam a partir de um contexto de coerência e não propriamente de correspondência, ou seja, a verdade de uma proposição é avaliada a partir de uma relação de coerência com outras proposições aceitas como verdadeiras e não em relação à sua correspondência como uma realidade verificável. Assim sendo, segundo MacNeil (2000:114):

> A tradição racionalista da evidência legal, a tradição modernista da cultura histórica e o modelo weberiano de burocracia, sobre o qual a diplomática arquivística contemporânea é construída, todos se constituem em construções particulares do mundo, mais do que em reflexões

demonstravelmente verdadeiras sobre o mesmo. Eles representam tipos ideais e, como tais, são normativos e aspiracionais. A tradição racionalista aspira ao ideal de justiça, a tradição modernista à verdade histórica e o modelo weberiano à idoneidade .

Entretanto, isso não quer dizer que os métodos de avaliação da veracidade dos documentos não sejam confiáveis. Sobre esse assunto, Tillers (apud MacNeil, 2000:115) argumenta que:

> É um erro supor que não podemos confiar em nada cuja validade e fidedignidade não estejam sujeitas a uma demonstração lógica. O fato é que nada no cosmos é suscetível a uma demonstração lógica (exceto sob premissas arbitrárias), e é claro que não desconfiamos de tudo o que acreditamos só porque a validade de nossas crenças não é logicamente demonstrável (...). Em nossa vida diária tiramos inúmeras inferências nas quais confiamos e baseamos nossa vida e sorte, e não seremos facilmente persuadidos de que essas inferências não são confiáveis.

Podemos então concluir que, embora não possamos defender padrões rígidos, também não podemos prescindir de padrões. A busca da justiça, da verdade histórica e da idoneidade se constitui numa tentativa importante, necessária, do ponto de vista social, e requer um compromisso com a verdade dos fatos. Assim sendo, de acordo com MacNeil (2000:115),

> a percepção de que os métodos para avaliar a verdade do documento arquivístico e as generalizações sobre as quais eles são construídos são construtos humanos, mais do que verdades transcendentes, leva à conclusão de que esses métodos precisam ser continuamente reavaliados.

Outro aspecto a ser considerado sobre o método diplomático, legal e histórico de avaliação da veracidade de um documento é que, dentro da estrutura de generalizações nas quais operam, tais métodos baseiam-se num ponto específico, ou seja, o *princípio observacional*. Isso quer dizer que justamente porque os documentos se constituem em fonte de informação sobre os eventos dos quais participam, sua veracidade, mais precisamente sua fidedignidade, vai depender de quem "observa" sua criação, ou seja, da estrutura burocrática que o envolve, que implica observação e vigilância por intermédio de pessoas e de procedimentos.

Sobre o princípio observacional burocrático, há que ressaltar que a adoção paulatina de controles tecnológicos impessoais não o enfraqueceu, ao contrário, o computador, com sua capacidade de observação microscópica, se tornou um observador muito mais agudo, desde que devidamente programado para isso. É justamente sobre essa programação que os projetos acadêmicos e a experiência australiana, analisados neste trabalho, incidem.

Quanto ao Brasil, reiteramos que a parceria entre o Conarq, a comunidade acadêmica e as iniciativas governamentais, refletidas no Programa Sociedade da Informação e no Governo Eletrônico, cria as condições ideais para o estabelecimento de uma política de implementação de sistemas eletrônicos de gerenciamento arquivístico de documentos eletrônicos.

A comunidade arquivística internacional reconhece que os projetos acadêmicos fornecem respostas consistentes à pergunta sobre como fazer o gerenciamento arquivístico de documentos eletrônicos ou como criar e manter documentos eletrônicos arquivísticos fidedignos e autênticos. Tal resposta interessa a advogados, historiadores e ao modelo burocrático das instituições contemporâneas.

Outro fato reconhecido pela referida comunidade é que, no tocante aos fundamentos arquivísticos, a busca por essa resposta – tendo como um de seus cenários a ciência da informação – implicou muito mais mudança incremental do que mudança radical, o que só comprova a solidez dos princípios e conceitos da arquivologia.

Glossário[23]

Termo	Conceito	Equivalência em inglês
Autenticação	Declaração de autenticidade, num dado momento, pela adição de determinados elementos, como carimbos, selos, assinatura digital ou eletrônica.	*Autentication*
Autenticidade	Capacidade de se provar que o documento arquivístico é o que diz ser.	*Authenticity*
Documentabilidade	Capacidade testemunhal do documento arquivístico.	*Recordness*
Documento	Informação registrada num suporte.	*Document*
Documento arquivístico	Informação registrada, independente da forma ou do suporte, produzida ou recebida no decorrer da atividade de uma instituição ou pessoa e que possui conteúdo, contexto e estrutura suficientes para servir de prova dessa atividade.	*Record*

continua

---

[23] A elaboração deste glossário contou com a colaboração dos membros da Câmara Técnica de Documentos Eletrônicos do Conarq.

Termo	Conceito	Equivalência em inglês
Documento eletrônico	É o documento processado por meio eletrônico, com um formato digital. Entretanto, há outros documentos que, embora não sendo digitais, são processados eletronicamente. É o caso das fitas áudio e videomagnéticas analógicas, que também podem ser entendidas como documentos eletrônicos.	*Electronic document*
Evidência	Ver *Prova*.	*Evidence*
Fidedignidade	É a capacidade de o documento arquivístico sustentar os fatos que atesta.	*Reliability*
Metadado	Dado sobre o dado.	*Metadata*
Metadados do sistema de gerenciamento arquivístico de documentos	Informações sobre o documento arquivístico, eletrônico ou não, que ajudam a garantir sua documentabilidade.	*Recordkeeping system metadata*
Prova	Evidência ou demonstração irrefutável de algo.	*Proof*
Sistema de gerenciamento arquivístico de documentos	Conjunto de procedimentos e operações técnicas cuja interação permite a eficiência e a eficácia em produção, tramitação, uso, avaliação e destinação de documentos arquivísticos correntes e intermediários de uma organização.	*Recordkeeping system*
Sistema de gestão de documentos	Ver *Sistema de gerenciamento arquivístico de documentos*.	
Sistema de informação	Conjunto de políticas, procedimentos e pessoas que armazenam, processam e dão acesso à informação.	*Information system*
Sistema de preservação de documentos arquivísticos	Conjunto de atividades referentes à manutenção física e intelectual dos documentos arquivísticos intermediários e permanentes.	*Record-preservation system*
Sistema eletrônico de gerenciamento arquivístico de documentos	Sistema de gerenciamento arquivístico concebido eletronicamente para gerenciar documentos eletrônicos, convencionais ou dos dois tipos simultaneamente.	*Electronic recordkeeping system*

Referências bibliográficas e arquivísticas

ADPA. *International Council on Archives*. Paris 1(1), 1972.

Advisory group of experts meeting of University of Pittsburgh Records Project. 1996. Disponível em: <http://www.sis.pitt.edu/~nhprc/IExptRpt.html>. Acessado em: 23-7-2001.

Araujo, Jerusa Gonçalves de. O computador e a realidade brasileira. *Arquivo & Administração*, 5 (1):26-7, 1977.

Australia. National Archives of Australia. *E-permanence*. 2000. Disponível em: <http://www.naa.gov.au/recordkeeping/splash/intro.html>. Acessado em: 10-10-2001.

___. *Managing electronic records*. 2000. Disponível em: <http://www.naa.gov.au/recordkeeping/er/manage_er/what_record.html>. Acessado em: 11-10-2001.

___. *Recordkeeping metadata standard for Commonwealth agencies*. 2000. Disponível em: <http://www.naa.gov.au/recordkeeping/control/rkms/format.html>. Acessado em: 19-10-2001.

___. *Records in evidence*. 2000. Disponível em: <http://www.naa.gov.au/recordkeeping/overview/records_in_evidence.html>. Acessado em: 10-10-2001.

___. *Archiving web resources – policy*. 2001. Disponível em: <http://www.naa.gov.au/recordkeeping/rkpubs/advices/advice20.html>. Acessado em: 11-10-2001.

___. *Custody policy for Commonwealth records*. 2001. Disponível em: <http://www.naa.gov.au/recordkeeping/custody /policy.html>. Acessado em: 23-10-2001.

___. *E-mail is a record!* 2001. Disponível em: <http://www.naa.gov.au/recordkeeping/rkpubs/advices/advice20.html>. Acessado em: 11-10-2001.

Azevedo, Carmen Lucia de et alii. A base de dados M.A.P.A. da Administração Pública brasileira. *ADPA: Automatización-Archivos-Informática.* Madri, 5(2):55-62,1986.

Barreto, Auta Rojas. Arquivos de dados correntes: seu uso em atividades científico-tecnológicas. In: Congresso Brasileiro de Arquivologia, 4. 1979. Rio de Janeiro. *Anais...* Rio de Janeiro, AAB, 1982:338-47.

Bearman, David. Diplomatics, weberian burocracy, and the management of electronic records in Europe and America. *The American Archivist.* Chicago, 55(1):168-81, 1992.

___. Record-keeping systems. *Archivaria.* Ottawa (36):16-36, 1993.

___. *Item level control and electronic recordkeeping,* 1996. Disponível em: <http://www.sis.pitt.edu/ñhprc/item-lvl.html>. Acessado em: 22-7-2001.

___. *Metadata requirements for evidence.* [1996?]. Disponível em: <http://www.sis.pitt.edu/~nhprc/BACartc.html>. Acessado em: 13-7-2001.

___ & Sochats, Ken. *Formalizing functional requirements for recordkeeping,* 1996. Disponível em: <http://www.sis.pitt.edu/ñhprc/pub4.html>. Acessado em: 14-8-2001.

Bell, Lionel. The archival implications of machine readable records. *Archivun.* Paris, 26, 85-92, 1979. (International Congress on Archives, 8, 1976, Washington.)

Borko, H. Information Science: what is this? *American Documentation, 19* (1):1-8, 1968.

Brasil. Lei nº 8.159, de 8 de janeiro de 1991. Dispõe sobre a política nacional de arquivos públicos e privados e dá outras providências. *Diário Oficial da União.* Brasília, 9-1-1991.

___. Decreto nº 2.954, de 29 de janeiro de 1999. Estabelece regras para a redação de atos normativos de competência dos órgãos do poder Executivo. *Diário Oficial da União.* Brasília, 24-2-1999.

___. Decreto nº 3.505, de 13 de junho de 2000. Institui a Política de Segurança da Informação nos órgãos e entidades da Administração Pública Federal. *Diário Oficial da União.* Brasília, 14-6-2000a.

___. Decreto nº 3.585, de 5 de setembro de 2000. Acresce dispositivo ao Decreto nº 2.954, de 29 de janeiro de 1999, que estabelece regras para a redação de atos normativos de competência dos órgão do Poder Executivo. *Diário Oficial da União.* Brasília, 6-9-2000b.

___. Decreto nº 3.587, de 5 de setembro de 2000. Estabelece normas para a Infra-Estrutura de Chaves Públicas do Poder Executivo Federal – ICP-GOV, e dá outras providências. *Diário Oficial da União.* Brasília, 6-9-2000c.

___. Decreto s/n, de 3 de abril de 2000. Institui o Grupo de Trabalho Ministerial para examinar e propor políticas, diretrizes e normas relacionadas com as novas formas eletrônicas de interação. *Diário Oficial da União*. Brasília, 4-4-2000e.

___. Decreto s/n, de 18 de outubro de 2000. Cria, no âmbito do Conselho de Governo, o Comitê Executivo do Governo Eletrônico e dá outras providências. *Diário Oficial da União*. Brasília,19-10-2000d.

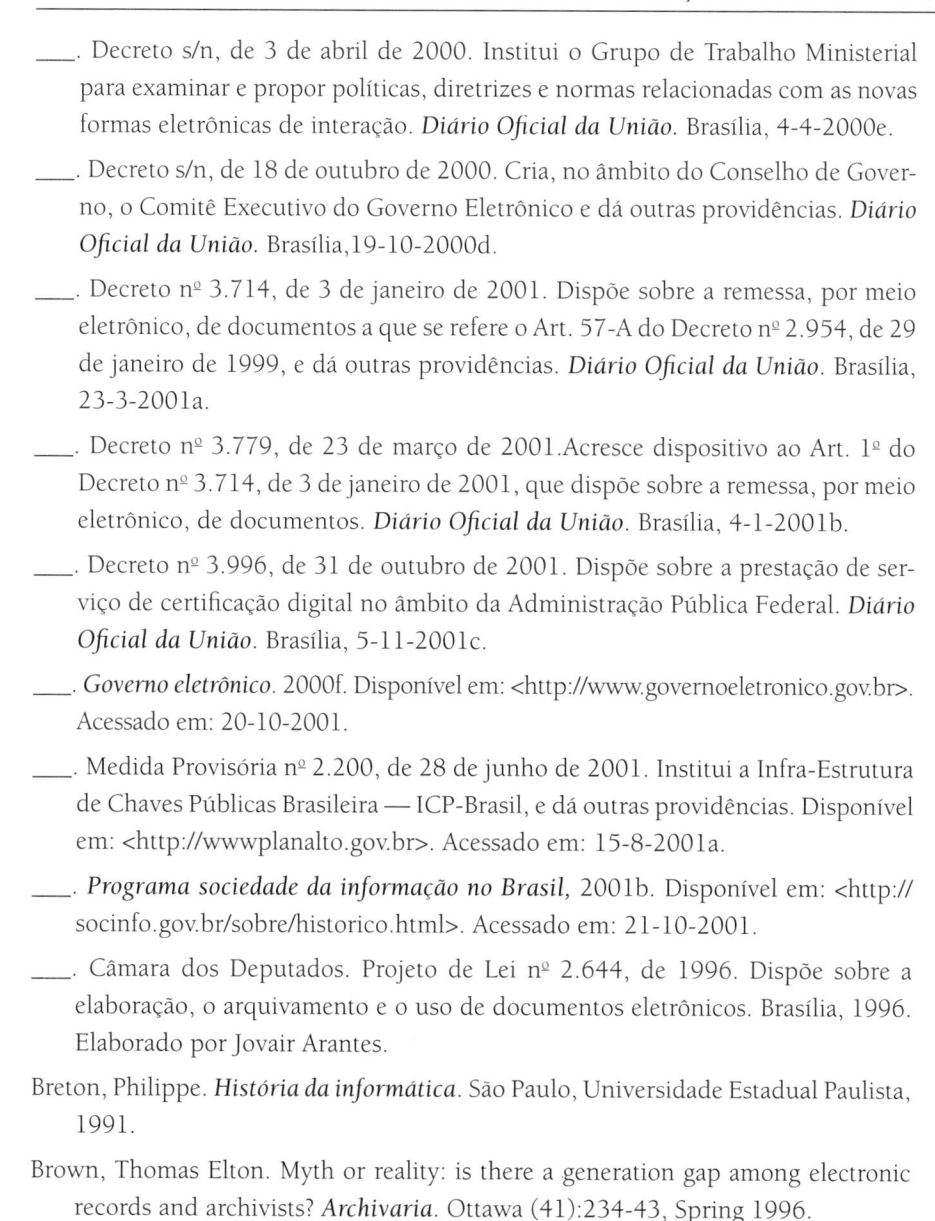

___. Decreto nº 3.714, de 3 de janeiro de 2001. Dispõe sobre a remessa, por meio eletrônico, de documentos a que se refere o Art. 57-A do Decreto nº 2.954, de 29 de janeiro de 1999, e dá outras providências. *Diário Oficial da União*. Brasília, 23-3-2001a.

___. Decreto nº 3.779, de 23 de março de 2001.Acresce dispositivo ao Art. 1º do Decreto nº 3.714, de 3 de janeiro de 2001, que dispõe sobre a remessa, por meio eletrônico, de documentos. *Diário Oficial da União*. Brasília, 4-1-2001b.

___. Decreto nº 3.996, de 31 de outubro de 2001. Dispõe sobre a prestação de serviço de certificação digital no âmbito da Administração Pública Federal. *Diário Oficial da União*. Brasília, 5-11-2001c.

___. *Governo eletrônico*. 2000f. Disponível em: <http://www.governoeletronico.gov.br>. Acessado em: 20-10-2001.

___. Medida Provisória nº 2.200, de 28 de junho de 2001. Institui a Infra-Estrutura de Chaves Públicas Brasileira — ICP-Brasil, e dá outras providências. Disponível em: <http://wwwplanalto.gov.br>. Acessado em: 15-8-2001a.

___. *Programa sociedade da informação no Brasil,* 2001b. Disponível em: <http://socinfo.gov.br/sobre/historico.html>. Acessado em: 21-10-2001.

___. Câmara dos Deputados. Projeto de Lei nº 2.644, de 1996. Dispõe sobre a elaboração, o arquivamento e o uso de documentos eletrônicos. Brasília, 1996. Elaborado por Jovair Arantes.

Breton, Philippe. *História da informática*. São Paulo, Universidade Estadual Paulista, 1991.

Brown, Thomas Elton. Myth or reality: is there a generation gap among electronic records and archivists? *Archivaria*. Ottawa (41):234-43, Spring 1996.

Camargo, Ana Maria de Almeida. New archival materials and the training of archivists. *Archivun*. Paris, 35:169-71, 1989.

___. Arquivo, documento e informação. *Arquivo & Administração*. Rio de Janeiro, 15-23:34-40, jan./dez. 1994.

Carrol, Michael E. Editorial. *ADPA*. Paris, International Council on Archives, 1(2):1974.

___. Arquivos e automação. *Arquivo & Administração*. Rio de Janeiro, 3(2):7-13, 1975.

Castells, Manuel. *A sociedade em rede*. São Paulo, Paz e Terra, 1999.

Cepad. Comissão Especial de Preservação do Acervo Documental. *A importância da informação e do documento na Administração Pública brasileira*. Brasília, Funcep, 1987.

Cloulas, Ivan. Informatique et archives: un bilan international. *La Gazette des Archives*. Paris (91):249-57, 1975.

Committee on Electronic Records. *Electronic records programs: report on the 1994/95 Survey*. Paris, International Council on Archives, 1996.

___. *Guide for managing electronic records from an archival perspective*. Paris, International Council on Archives, 1997.

Conarq. Conselho Nacional de Arquivos. *A política nacional de arquivos: a ação do Conselho Nacional de Arquivos e do Arquivo Nacional*. Rio de Janeiro, 1997.

___. *Projeto de lei substitutivo ao projeto de lei sobre a autenticidade e o valor jurídico e probatório de documentos*. Rio de Janeiro, 2000. (Documento aprovado pelo Plenário do Conselho Nacional de Arquivos — Conarq, em sua 20ª reunião ordinária, em 19 de dezembro de 2000.)

___. Portaria nº 60/2001. Reformulação da Câmara Técnica de Documentos Eletrônicos. Rio de Janeiro, 2001a.

___. *Subsídios para a inserção do Segmento dos Arquivos no Programa Sociedade da Informação no Brasil*. Rio de Janeiro, 2001b. (Documento aprovado pelo Plenário do Conselho Nacional de Arquivos — Conarq, em sua 22ª reunião ordinária.)

Congresso Brasileiro de Arquivologia, 13. Salvador, 2000. *Caderno de resumos...* Salvador, 2000. (Tema central: Os arquivos e o descobrimento de um novo Brasil.)

Cook, Michael. Automatização de arquivos. *Cadernos de Biblioteconomia, Arquivística e Documentação*. Lisboa (2):37-46, 1986a.

___. Encuesta internacional sobre aplicaciones informáticas a la gestión archivística. *ADPA*. Madrid 5(2):43-54, 1986b.

___. Information technology: a challenge to training. *Archivun*. Paris, 34:17-33, 1988.

Costa, Célia Maria Leite et alii. *A conservação de documentos em seus diferentes suportes: recomendações básicas*. Rio de Janeiro, 1986.

___. *Os arquivos pessoais de ontem e de hoje: a experiência do Cpdoc*. Rio de Janeiro, 2000.

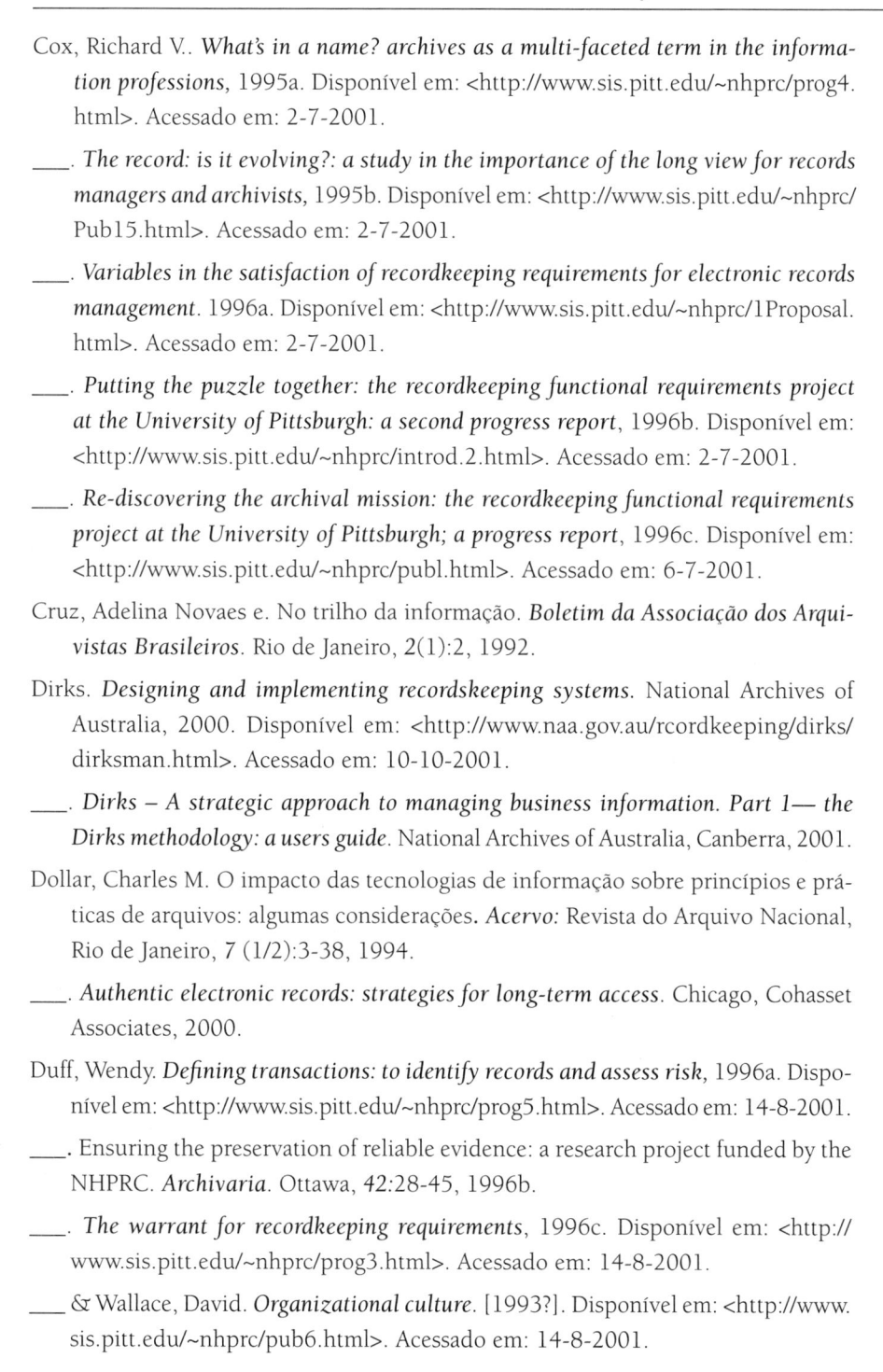

Cox, Richard V.. *What's in a name? archives as a multi-faceted term in the information professions*, 1995a. Disponível em: <http://www.sis.pitt.edu/~nhprc/prog4.html>. Acessado em: 2-7-2001.

___. *The record: is it evolving?: a study in the importance of the long view for records managers and archivists*, 1995b. Disponível em: <http://www.sis.pitt.edu/~nhprc/Pub15.html>. Acessado em: 2-7-2001.

___. *Variables in the satisfaction of recordkeeping requirements for electronic records management*. 1996a. Disponível em: <http://www.sis.pitt.edu/~nhprc/1Proposal.html>. Acessado em: 2-7-2001.

___. *Putting the puzzle together: the recordkeeping functional requirements project at the University of Pittsburgh: a second progress report*, 1996b. Disponível em: <http://www.sis.pitt.edu/~nhprc/introd.2.html>. Acessado em: 2-7-2001.

___. *Re-discovering the archival mission: the recordkeeping functional requirements project at the University of Pittsburgh; a progress report*, 1996c. Disponível em: <http://www.sis.pitt.edu/~nhprc/publ.html>. Acessado em: 6-7-2001.

Cruz, Adelina Novaes e. No trilho da informação. *Boletim da Associação dos Arquivistas Brasileiros*. Rio de Janeiro, 2(1):2, 1992.

Dirks. *Designing and implementing recordskeeping systems*. National Archives of Australia, 2000. Disponível em: <http://www.naa.gov.au/rcordkeeping/dirks/dirksman.html>. Acessado em: 10-10-2001.

___. *Dirks – A strategic approach to managing business information. Part 1— the Dirks methodology: a users guide*. National Archives of Australia, Canberra, 2001.

Dollar, Charles M. O impacto das tecnologias de informação sobre princípios e práticas de arquivos: algumas considerações. *Acervo:* Revista do Arquivo Nacional, Rio de Janeiro, 7 (1/2):3-38, 1994.

___. *Authentic electronic records: strategies for long-term access*. Chicago, Cohasset Associates, 2000.

Duff, Wendy. *Defining transactions: to identify records and assess risk*, 1996a. Disponível em: <http://www.sis.pitt.edu/~nhprc/prog5.html>. Acessado em: 14-8-2001.

___. Ensuring the preservation of reliable evidence: a research project funded by the NHPRC. *Archivaria*. Ottawa, 42:28-45, 1996b.

___. *The warrant for recordkeeping requirements*, 1996c. Disponível em: <http://www.sis.pitt.edu/~nhprc/prog3.html>. Acessado em: 14-8-2001.

___ & Wallace, David. *Organizational culture*. [1993?]. Disponível em: <http://www.sis.pitt.edu/~nhprc/pub6.html>. Acessado em: 14-8-2001.

Duranti, Luciana. Registros documentais contemporâneos como prova de ação. *Estudos Históricos*. Rio de Janeiro, 7(13), 1994.

___. Reability and authenticity: the concepts and their implications. *Archivaria*. Ottawa (39):5-10, Spring 1995.

___. Diplomatics: New uses for an old science. *Society of American Archivists*, Maryland, 1998.

___ (coord.). *Interpares project. International Research on Permanent Authentic Records in Electronic Systems*. Disponível em: <http://www.interpares.org.index.html>. Acessado em: 22-3-2000a.

___. Permanently authentic electronic: an international call to action. In: DLM Forum. Brussels, 1999. *European citizens and electronic information: the memory of the information society*. Brussels, 2000b. p.158-61.

___; Eastwood, Terry & MacNeil, Heither. *The protection of the integrity of electronic records*. [1997?]. Disponível em: <www.Interpares.org>. Acessado em: 16-3-2000.

___ & MacNeil, Heither. The protection of the integrity of electronic records: an overview of the UBC-MAS research project. *Archivaria*. Ottawa (42):46-67, Fall 1996.

Erlandsson, Alf. *Electronic records management: a literature review*. Paris, International Council on Archives, 1997.

Fishbein, Meyer H. La automación de archivos: historia sumaria. *ADPA*, Madrid, 3 (3):9-14, 1981.

___. El Comité de Automatización del CIA: una década de éxitos. *ADPA*. Madrid 4 (3):9-14, 1984.

Fonseca, Maria Odila. Informação, arquivos e instituição arquivística. *Arquivo & Administração*. Rio de Janeiro 1 (1):33-44, 1998.

___ & Jardim, José Maria. As relações entre a Arquivística e a Ciência da Informação. *Informare: cadernos do Programa de Pós-Graduação em Ciência da Informação*. Rio de Janeiro, 1(1):41-50, 1995.

Fragomeni, Ana Helena. *Dicionário de informática*. Rio de Janeiro, Campus; São Paulo, Nobel, 1986.

Freedman, Alan. *Dicionário de informática*. São Paulo, Makron Books, 1995.

Gravel, Katharine. *Conceptual problems posed by electronic records: a RAMP study*. Paris, Unesco, 1990.

Hedstrom, Margaret. Building record-keeping systems: archivists are not alone on the wild frontier. *Archivaria*. Ottawa, 44:44-71, Fall 1997.

Heo, Misook & Murray, Suan. *Apraising software with regards to recordkeeping functional requirements: a framework*, 1996. Disponível em: <http://www.sis.pitt.edu/~nhprc/prog 7.html>. Acessado em: 14-8-2001.

Houaiss, Antonio & Villar, Mauro de Salles. *Dicionário Houaiss da língua portuguesa*. Rio de Janeiro, Objetiva, 2001.

Ikematu, Ricardo Shoiti. Gestão de metadados: sua evolução na tecnologia da informação. *Data Grama Zero: Revista de Ciência da Informação*, 2(6), dez. 2001. Disponível em: <http://www.dgzero.org/Atual/F_I_art.html>. Acessado em: 10-12-2001.

Indolfo, Ana Celeste et alii. *Gestão de documentos: conceitos e procedimentos básicos*. Rio de Janeiro, 1995.

Jardim, José Maria. O conceito e a prática de gestão de documentos. *Acervo*. Rio de Janeiro 2 (2): 35-42, jul./dez. 1987.

___. A arquivologia e as novas tecnologias da informação. *Estudos Históricos*. Rio de Janeiro, 5(10):251-60, 1992.

___. Cartografia de uma ordem imaginária: uma análise do Sistema Nacional de Arquivos. Rio de Janeiro, ECO/UFRJ, 1994. (Dissertação de Mestrado.)

___. Novas perspectivas da arquivologia nos anos 90. *Estudos e Pesquisas*. Rio de Janeiro (1):27-38, 1995.

___. *A arquivologia, os arquivistas e a sociedade da informação no Brasil*. 2000. Disponível em: <http://infocafe.cjb.net>. Acessado em: 25-10-2000.

Lodoline, Elio. Il principio di provenienza per i documenti nati su suporto eletronico: l' archivistica alle sogli del 2000. *Rasegna degli Archivi di Stato*. Roma, 5(2-3):378-87, 1993.

Lyons, Martyn & Leahy, Cyana. *A palavra impressa: história da leitura no século XIX*. Rio de Janeiro, Casa da Palavra, 1999. (Cap. 1: A história da leitura de Guttenberg a Bill Gates.)

Mackemmish, Sue; Cunningham, Adrian & Parer, Dagmar. *Metadata mania*. 1998. Disponível em: <http://www.sms.monash.edu.au/rcrg/publications/recordkeepingmetadata>. Acessado em: 4-7-2001.

MacNeil, Heather. *Trusting records: legal, historical and diplomatic perspectives*. Dordrecht, Kluwer Academic, 2000.

___ et alii. *Interpares project: authenticity task force final report*. 2001. Disponível em: <http://www.interpares.org>. Acessado em: 30-10-2001.

Marcondes, Carlos Henrique de. Informação arquivística, estrutura e representação computacional. *Arquivo & Administração*. Rio de Janeiro, 1(2):17-32, 1998.

Mariz, Anna Carla Almeida. O correio eletrônico e seu impacto na formação dos arquivos empresariais: estudo dos casos da Shell e do Club Mediterranée. Rio de Janeiro, UFRJ, 1997. (Dissertação de Mestrado.)

Marsden, Paul. When is the future? Comparative notes on the electronic record-keeping projects of the University of Pittsburgh and the University of British Columbia. *Archivaria*. Ottawa, 43:158-73, Spring 1997.

McDonald, John. Managing records in the modern office: taming the wild frontier. *Archivaria*. Ottawa, 39:70-9, Spring 1995.

Minayo, Maria Cecília de Souza. *O desafio do conhecimento: pesquisa qualitativa em saúde*. São Paulo, Rio de Janeiro, Hucitec-Abrasco, 1992.

Miranda Neto, Antonio Garcia de. Arquivologia e cibernética. *Arquivo & Administração*. Rio de Janeiro 1(1):9-11, 1973.

____. Arquivos e automação: a automação precisa dos homens. In: Congresso Brasileiro de Arquivologia, 3. Rio de Janeiro,1976. *Anais*... Brasília, AAB, 1979a. p.513-19.

____. O arquivo e o computador. In: Congresso Brasileiro de Arquivologia, 1. Rio de Janeiro, 1972. *Anais*... Brasília, AAB, 1979b. p. 293-313.

Mont-Mor, Janice de Mello. Utilização de computadores na área de arquivos. In: Congresso Brasileiro de Arquivologia, 4. Rio de Janeiro, 1979. *Anais*... Rio de Janeiro, AAB, 1982. p. 350-7.

____. Automação em arquivos. *Arquivo & Administração*. Rio de Janeiro, *10-14* (1):41-7, 1986.

Morris, Rieger. The VIIth International Archives Congress, Moscow, 1972: a report. *The American Archivist*, 36(4):491-512, 1973.

Mortensen, Preben. The place of theory in archival practice. *Archivaria*. Ottawa, (47):1-26, Spring 1999.

Paes, Marilena Leite. Os arquivos e as novas tecnologias. *Boletim da Associação dos Arquivistas Brasileiros*. Rio de Janeiro, 4 (1):4, 1994a.

____. Os arquivos e os desafios de um mundo em mudanças. *Acervo: Revista do Arquivo Nacional*. Rio de Janeiro, 7 (1/2):65-74, 1994b.

Pereira, Roberto Souto. Arquivo de filmes: preparação para a automação e criação de uma base de dados nacional. *Arquivo & Administração*. Rio de Janeiro, *10-14*(2):47-61, 1986.

Peterson, Trudy. Archival principles and records of the new technology. *The American Archivist*, 47(4):382-92, 1984.

___. Machine-readable records as archival materials. *Archivun.* Paris, 1989. p.83-8.

Pinheiro, Lena Vânia & Loureiro, José Mauro Matheus. Traçados e limites da ciência da informação. *Ci.Inf.* Brasília, 24(1):42-3, jan./abr. 1995.

Rêgo, Werson. A construção da sociedade da informação no Brasil. In: Seminário de Informação e Documentação Jurídica do Rio de Janeiro, 3. *Anais...* Rio de Janeiro, 2001.

René-Bazin, Paule. La creation et la collect des nouvelles archives. *Archivun.* Paris, 35:39-68, 1989.

Roberts, David. Defining electronic records, documents and data. *Archives and Manuscripts,* 22(1):15-26, 1994.

Rondinelli, Rosely Curi. A gestão dos documentos eletrônicos: o desafio do século XX. *Boletim da Associação dos Arquivistas Brasileiros.* Rio de Janeiro, 8(2), maio/ago. 1998.

Rousseau, Jean Yves & Couture, Carol. *Os fundamentos da disciplina arquivística.* Lisboa, Dom Quixote, 1998.

Santos, Vanderlei Batista dos. Gestão de documentos eletrônicos sob a ótica arquivística: identificação das principais correntes teóricas, legislação e diagnóstico da situação nos arquivos públicos brasileiros. Brasília, UnB, 2001. (Dissertação de Mestrado.)

Saracevic, Tefko. Ciência da informação: origem, evolução e relações. *Perspectivas em Ciência da Informação.* Belo Horizonte, 1(1):41-62, 1996.

Sawaya, Márcia Regina. *Dicionário de informática e internet.* Rio de Janeiro, Nobel, 1999.

Silva, Armando Malheiro da et alii. *Arquivística: teoria e prática de uma ciência da informação.* Porto, Afrontamento, 1999.

Soares, Nilza Teixeira. *As novas funções dos arquivos e dos arquivistas.* São Paulo, 1984. (Cadernos Fundap.)

Sochats, Ken & Cox, Richard. *Future research needs and opportunities.* 1996. Disponível em: <http://www.sis.pitt.edu/~nhprc/prog9.html>. Acessado em: 14-8-2001.

Thomas, David H. *Business functions: toward a methodology.* 1996. Disponível em: <http://www.sis.pitt.edu/~nhprc/Pub.html>. Acessado em: 15-7-2001.

University of Pittsburgh School of Inforation Sciences. *Functional requirements for evidence in recordkeeping.* 1996. Disponível em: <http://www.sis.pitt.edu/~nhprc/evidence.html>. Acessado em: 6-7-2001.

Wallace, David A. *Managing the present: metadata as archival description.* 1996a. Disponível em: <http://www.sis.pitt.edu/~nhprc/Pub10.html>. Acessado em: 9-7-2001.

___. *Satisfying recordkeeping functional requirements: the organizational culture variable,* 1996b. Disponível em: <http://www.sis.pitt.edu/~nhprc/Pub5.html>. Acessado em: 14-8-2001.

Walne, Peter (ed.). *Dictionary on archival terminology.* 2 ed. rev., München, 1998.

Weber, Max. *Ensaios de sociologia.* Rio de Janeiro, Zahar, 1971.

Anexos

Anexo 1

Plano de ação do Programa Sociedade da Informação no Brasil

1. *Mercado, trabalho e oportunidades*: promoção da competitividade das empresas nacionais e da expansão das pequenas e médias empresas, apoio à implantação do comércio eletrônico e oferta de novas formas de trabalho por meio do uso de tecnologias de informação e comunicação.
2. *Universalização de serviços para a cidadania*: promoção da universalização do acesso à internet, buscando soluções alternativas com base em novos dispositivos e novos meios de comunicação; promoção de modelos de acesso coletivo ou compartilhado à internet; e fomento a projetos que promovam a cidadania e a coesão social.
3. *Educação na sociedade da informação*: apoio aos esquemas de aprendizado, de educação continuada e a distância, baseados na internet e em redes, através de fomento ao ensino, autoaprendizado e certificação em tecnologias de informação e comunicação em larga escala; implantação de reformas curriculares visando ao uso de tecnologias de informação e comunicação em atividades pedagógicas e educacionais, em todos os níveis da educação formal.
4. *Conteúdos e identidade cultural*: promoção da geração de conteúdos e aplicações que enfatizem a identidade cultural brasileira e as matérias de relevância local e regional; fomento a esquemas de digitalização para preservação artística, cultural, histórica e de informações de ciência e tecnologia, bem como a projetos de P&D para geração de tecnologias com aplicação em projetos de relevância cultural.

5. *Governo ao alcance de todos*: promoção da informatização da administração pública e do uso de padrões nos seus sistemas aplicativos; concepção, prototipagem e fomento a aplicações em serviços de governo, especialmente os que envolvem ampla disseminação de informações; fomento à capacitação em gestão de Tecnologias de Informação e comunicação na Administração Pública.

6. *P&D, tecnologias-chave e aplicações*: identificação de tecnologias estratégicas para o desenvolvimento industrial e econômico e promoção de projetos de P&D aplicados a essas tecnologias nas universidades e no setor produtivo; concepção e indução de mecanismos de difusão tecnológica; fomento a aplicações-piloto que demonstrem o uso de tecnologias-chave; promoção de formação maciça de profissionais, entre eles os pesquisadores, em todos os aspectos das tecnologias de informação e comunicação.

7. *Infraestrutura avançada e novos serviços*: implantação de infraestrutura básica nacional de informações, integrando as diversas estruturas especializadas de redes – governo, setor privado e P&D; adoção de políticas e mecanismos de segurança e privacidade; fomento à implantação de redes de processamento de alto desempenho e à experimentação de novos protocolos e serviços genéricos; transferência acelerada de tecnologias de redes do setor de P&D para as outras redes e fomento à integração operacional das mesmas.

Anexo 2

Plano de Metas do Governo Eletrônico

Metas para 2000

Para o cidadão/cliente e para as empresas

Incentivos à internet

Serão oferecidos incentivos à popularização do acesso à internet e à infraestrutura governamental de informações, pelos próprios órgãos do governo, tais como: redução de impostos, linhas de financiamento para a aquisição de equipamentos e redução dos custos de telecomunicações até dezembro de 2000.

POLÍTICA DE DIVULGAÇÃO DE INFORMAÇÕES E DE PRESTAÇÃO DE SERVIÇOS

Todos os órgãos governamentais deverão estabelecer e publicar, até dezembro de 2000, sua política de divulgação de informações e de prestação de serviços ao público, através da internet e das demais formas de interação eletrônica, contendo:

❑ relação de serviços e de informações que são de sua responsabilidade prestar e divulgar;

❑ plano de ações para que tais serviços sejam oferecidos eletronicamente à sociedade;

- definição dos gestores e responsáveis pelos serviços e informações;
- normas legais que definam sigilo e privacidade de algum serviço ou informação;
- regras e procedimentos que devem ser obedecidos para obtenção do serviço ou da informação.

REDE NACIONAL DE INFORMAÇÕES EM SAÚDE (RNIS)

Será implantada, até dezembro de 2000, a primeira fase da RNIS, contemplando as seguintes metas:

- interligação de 1.200 municípios à internet;
- implantação do projeto-piloto do Cartão Nacional de Saúde – Cartão SUS –, em 44 municípios, atingindo 2.700 unidades de saúde;
- ampliação da rede *Frame Relay* do Ministério da Saúde, em 70 pontos;
- implantação do portal de Saúde internet, interligado ao portal da Rede Governo.

DIVULGAÇÃO

Campanha publicitária de divulgação das iniciativas do governo no ambiente de Tecnologia da Informação e comunicação, e incentivo ao uso do portal Rede Governo.

Para a gestão interna do governo

Conselho de Governo Eletrônico

Criação, através de decreto, do Conselho Interministerial de Governo Eletrônico, até outubro de 2000.

Orientação para o desenvolvimento de sites oficiais

Desenvolvimento e publicação no portal Rede Governo, até setembro de 2000, de um instrumento de orientação sobre requisitos básicos a serem cumpridos por qualquer página de órgão governamental na internet, de forma que o cidadão possa reconhecer um site do governo federal, encontrando facilidade de acesso e de interação, sem prejuízo da preservação da liberdade e da criatividade de cada órgão público. O instrumento deverá estabelecer, no mínimo:

- prazo para que todos os sites sejam adequados às suas recomendações;
- instruções para a realização de pesquisas de qualidade e satisfação dos visitantes;
- previsão de controles para medição do índice de atendimento às consultas e solicitações dos visitantes.

Infraestrutura de chave pública

Implantação da infraestrutura de chave pública, no âmbito do Poder Executivo Federal, até novembro de 2000.

Projeto-piloto Rede Br@sil.gov

Elaboração e implantação do projeto-piloto da rede multisserviço do governo federal (Brasil@.gov), envolvendo o Ministério do Planejamento, Orçamento e Gestão (MP), o Serviço Federal de Processamento de Dados da Previdência Social (Dataprev) e órgãos que ainda não disponham de infraestrutura de comunicação de longa distância, até dezembro de 2000.

Projeto Rede Multisserviço

Elaboração de um projeto visando à definição de uma solução de rede de comunicações multisserviço (com tráfego de voz, dados e imagem), em âmbito nacional, que possibilitará o suporte às diversas aplicações, sistemas e serviços do governo federal, inclusive telefonia, integrando os seus ministérios e demais órgãos e entidades administrativas, baseada na utilização de redes privativas e/ou públicas, ajustadas às necessidades da Administração Federal. Conclusão do projeto até dezembro de 2000.

Inventário de recursos de TI

Realização de um inventário, no âmbito da Administração Pública Federal, dos recursos da TI utilizados, bem como de suas respectivas infraestruturas, serviços de redes e *call centers* até dezembro de 2000.

Individualização dos recursos de TIC no orçamento

Iniciar estudos visando à individualização dos recursos de tecnologia de informação e de comunicação no orçamento da União.

Pregão eletrônico

Implantação do sistema de Pregão Eletrônico para as compras governamentais no âmbito da Administração Pública Federal até dezembro de 2000.

Sistema de informações estratégicas

Implantação, até dezembro de 2000, para utilização pelo primeiro escalão do governo federal, de aplicações estratégicas de apoio ao processo de tomada de decisão e de formulação de políticas públicas, apoiadas na tecnologia de *datawarehouse*, aproveitando sistemas já desenvolvidos e utilizados na Presidência da República.

Metas para 2001

Para o cidadão/cliente e para as empresas

Cartão do Cidadão

Implantação do Cartão do Cidadão, um cartão digital, associado à autoridade certificadora do governo, por meio do qual o cidadão tenha acesso a todas as informações e serviços de que necessite, tais como previdência social, saúde e emprego, além de poder receber pagamentos e benefícios. No momento, já existem projetos específicos de criação de cartões para essas áreas. O projeto deverá integrar todas as iniciativas e propor uma solução que atenda ao cidadão sem prejuízo dos planos desenvolvidos em cada órgão.

Catálogo de informações (páginas brancas)

Implantação de um catálogo de informações (páginas brancas), até julho de 2001, baseado em serviço de diretório, que permita aos servidores e aos cidadãos acessar informações sobre a estrutura organizacional da Administração Pública Federal e sobre seus dirigentes e técnicos.

Projeto-piloto PEP (Ponto Eletrônico de Presença)

Implantação, até julho de 2001, de um projeto-piloto em 100 localidades, de aproximadamente 600 habitantes, bem como nas localidades junto aos postos de fronteira, por meio do qual será disponibilizado um pacote de serviços e de informações direcionados ao perfil da população, nas áreas de educação, saúde, previdência social, trabalho, segurança e direitos humanos, através do portal Rede Governo. Entre os serviços incluídos no pacote estariam recursos de treinamento a distância por meio de computadores e da internet. Sugere-se que esta meta seja desenvolvida em conjunto com as ações já em curso do programa Comunidade Ativa, que promove o desenvolvimento local integrado e sustentável de localidades carentes.

PEPs nas representações do governo federal

Toda representação do governo federal, em território nacional, deverá ter pelo menos um PEP de acesso público até dezembro de 2001.

Call center

Implantação, até dezembro de 2001, de uma solução de *call center* governamental integrado, acessado através de um único número/endereço-chave, que oferecerá ao cidadão, na forma que preferir, informações e serviços do governo por meio de telefone, internet e outros meios de interação eletrônica. Esse serviço dará acesso à ouvidoria do governo federal.

Ouvidoria

Criação de um serviço de ouvidoria, vinculado à Presidência da República, para recebimento de sugestões ou reclamações de caráter geral. Atuará em articulação com os órgãos e entidades responsáveis pela prestação dos serviços ou informações.

Pagamentos eletrônicos

Implantação, até julho de 2001, de uma estrutura para permitir que o cidadão possa efetuar o pagamento eletrônico de taxas, impostos, contribuições, laudêmios e outros pagamentos, possibilitando a realização, na internet, de todo o ciclo de prestação de um serviço.

Sistema de Protocolo Eletrônico Integrado

Implantação, até dezembro de 2001, de um sistema de protocolo eletrônico integrado, no âmbito dos órgãos da Administração Pública Federal, que permita protocolar qualquer processo pela internet a partir de qualquer órgão federal, independentemente do objeto; acompanhamento da tramitação pela internet e por outras formas de interação eletrônica.

Rede Nacional de Informações em Saúde

Implantação da segunda fase da RNIS, até dezembro de 2001, com as seguintes metas:

- interligação de 4.300 municípios à Rede Nacional de Informação em Saúde (RNIS);
- interligação de 20 mil unidades de saúde à Rede do Ministério da Saúde;
- implantação do Cartão Nacional de Saúde em 100 municípios;
- implantação de 50 centrais de regulação para atendimento especializado à população;
- implantação do programa de treinamento a distância para profissionais de saúde, nos 1.200 municípios conectados à RNIS;
- implantação de conexão para telemedicina nas unidades de urgência/emergência e para treinamento a distância.

Portal de apoio ao micro e pequeno agricultor

Desenvolvimento de um portal de apoio ao micro e pequeno agricultor, reunindo informações e serviços sobre plantio, irrigação, condições climáticas, técnicas de adubação e outros dados relevantes, com participação dos ministérios da Agricultura e do Abastecimento, do Meio Ambiente e do Desenvolvimento Agrário.

Compartilhamento dos recursos e aumento da oferta de serviços

A partir de 2001, transformar os veículos de prestação de serviços e de atendimento ao cidadão de cada órgão ou entidade em veículos (quiosques) do governo federal, permitindo o compartilhamento de recursos e a ampliação da oferta de serviços a custos reduzidos. Isso implica aproveitar barcos, ônibus, kombis, postos e agências como núcleos de prestação de um amplo espectro de serviços, custeados com recursos dos órgãos que os utilizam.

Treinamento remoto

A partir de 2001, oferecer treinamento remoto em programas de navegação e de uso da internet e em programas básicos de automação de escritórios, como processadores de texto, planilhas eletrônicas, criadores de páginas na internet e geradores de aplicações simples, com avaliação e certificação, para capacitar os potenciais usuários do Governo Eletrônico. Poderiam ser incluídos outros cursos, desenvolvidos de acordo com as necessidades de cada localidade. Esse serviço poderá ser monitorado em conjunto pelo Ministério da Educação e pelo Ministério da Ciência e Tecnologia.

Programa de Informatização das Ações Educacionais

A partir de 2001, estabelecimento de um programa de informatização das ações educacionais, a ser coordenado pelo Ministério da Educação, visando preparar os cidadãos para o uso dos recursos tecnológicos e dos serviços oferecidos eletronicamente, para que se tenha:

- todas as escolas públicas com ensino médio (cerca de 13 mil) ligadas à internet até 2001;
- todas as 62 mil escolas públicas atendidas pela TV Escola ligadas à internet até 2002;
- todas as escolas públicas ligadas à internet até 2006;
- todas as bibliotecas públicas e de escolas ligadas à internet até 2006;
- aplicações avançadas que permitam combinar TV Escola, internet e Proinfo no esforço de capacitação interativa de recursos humanos em continuidade com os programas como "Parâmetros (curriculares) em Ação";
- implantar aplicações avançadas que permitam cadastrar e acompanhar cursos no ensino superior, realizar censos na área de educação, exames como o Enem e o "Provão" e Educação a Distância e Telemedicina.

Para a gestão interna do governo

Procedimentos para a contratação de serviços de rede e de infraestrutura

O governo federal deverá divulgar portaria, até março de 2001, estabelecendo procedimentos para a contratação de serviços de rede e de infraestrutura, visando à implantação de sua rede multisserviço, conforme padrões definidos no projeto. Não serão permitidos editais para a contratação de redes para órgãos do governo federal que não estejam "integrados", a partir de abril de 2001, ressalvados casos especiais plenamente justificados.

Divulgação de modelos de referência para a contratação de redes

Divulgação, para todos os órgãos da Administração Pública Federal, de "Modelos de Referência" para a contratação de redes, até julho de 2001.

Documentos eletrônicos

Regulamentação do uso, validade e condições gerais para a efetivação do documento eletrônico como um documento legal de uso pleno, até dezembro de 2001, visando à eliminação do uso de papel na documentação governamental até dezembro de 2006.

Diretório e mensageria

Implantação de um serviço de troca de mensagens, oficiais ou não, entre todos os órgãos da Administração Pública Federal, com características que permitam o uso da base instalada e com facilidades de segurança, auditabilidade e acesso à base de endereços eletrônicos dos órgãos e servidores, disponíveis no serviço de diretório até julho de 2001.

Integração das redes

Total integração das redes no âmbito da Administração Pública Federal até dezembro de 2001.

Implantação da Rede Multisserviço (Br@sil.gov)

Implantação da Rede Multisserviço do governo federal até dezembro de 2001, incluindo os planos de migração, manutenção, gestão e treinamento de pessoal, além dos editais para a contratação dos serviços de rede e de telecomunicações e para a aquisição de PEPs.

Renovação de contratos

Não serão admitidas renovações de contratos de redes que não estejam "integradas" a partir de dezembro de 2001.

Treinamento e divulgação

Serão implementados programas de treinamento para os operadores dos PEPs públicos (multiplicadores comunitários) até dezembro de 2001, que serão responsáveis pela orientação aos cidadãos. Campanhas no rádio e na TV serão montadas para divulgar as novas facilidades disponíveis aos cidadãos, com implantação dos PEPs.

Plano de serviços e investimentos em TIC

Todos os órgãos governamentais deverão apresentar anualmente, a partir de dezembro de 2001, um plano de Tecnologia da Informação caracterizando os serviços que pretende oferecer à sua clientela interna e externa e a estimativa dos investimentos necessários. Essa medida tem o propósito de consolidar os planos e orçamentos setoriais num único plano de tecnologia da informação de governo, visando racionalizar, compartilhar recursos e garantir a interoperabilidade das aplicações governamentais.

Catálogo de aplicações e bases de dados

Desenvolvimento, implantação e publicação, no portal da Rede Governo, até dezembro de 2001, de um inventário de aplicações e bases de dados governamentais, necessários para permitir uma gestão eficaz do acervo de informações e elaborar estratégias de integração, compartilhamento e intercâmbio, sem prejuízo da independência e iniciativa de cada órgão envolvido no processo.

Integração dos sistemas

Integração dos sistemas governamentais de gestão administrativa até dezembro de 2001.

Metas para 2002

Para o cidadão/cliente e para as empresas

PEP (Ponto Eletrônico de Presença)

Toda localidade brasileira com mais de 600 habitantes deverá dispor de pelo menos um PEP de acesso público até dezembro de 2002.

Setor não governamental (sociedade e iniciativa privada)

Serão organizados *workshops* com fornecedores e usuários de soluções modernas em TI, a partir de setembro de 2002, para orientar a elaboração do projeto da rede e a instalação de PEP. Serão disponibilizados incentivos à popularização do acesso à internet e à infraestrutura governamental de informações, bem como às pequenas e às médias empresas.

Serviços na internet

Todos os serviços prestados pelos órgãos deverão estar disponíveis na internet até dezembro de 2002.

Portal de apoio à procura de emprego

Desenvolvimento de um portal de apoio à procura de emprego, coordenado pelo Ministério do Trabalho e do Emprego, interligando todos os postos de atendimento ao cidadão.

Sistema Integrado de Segurança Pública

Apoio a estados e municípios no desenvolvimento de um Sistema Integrado de Segurança Pública, a ser coordenado pelo Ministério da Justiça, aproveitando a experiência bem-sucedida do Infoseg, para expandir, em nível nacional, o sistema de plantão eletrônico implantado na Prefeitura de São Paulo, que permite ao cidadão registrar ocorrências policiais a qualquer momento pela internet. Esse sistema seria fortalecido com o aparelhamento do policiamento e a localização das viaturas para o atendimento, inclusive de chamadas eletrônicas.

Aplicação para micros e pequenos exportadores

Desenvolvimento de aplicação para facilitar aos micros e pequenos empresários a exportação de seus produtos.

Para gestão interna do governo

Poderes Legislativo e Judiciário e governos estaduais e municipais

Articulação do Poder Executivo Federal com as demais esferas e níveis de governo, no sentido de criar mecanismos que permitam o seu engajamento no projeto e o compartilhamento de serviços de rede e de infraestrutura, se assim o desejarem.

Metas para 2003

Para o cidadão/cliente e para as empresas

Densidade de PEPs

A densidade de PEPs de acesso público por habitantes, em qualquer localidade brasileira com mais de 600 habitantes, deverá ser de, no mínimo, 1/600 até dezembro de 2003, num total aproximado de 250 mil PEPs em todo o Brasil.

Anexo 3

Documento convencional × documento eletrônico: quadro comparativo[24]

Peculiaridades quanto a	Documento convencional	Documento eletrônico
Registro e uso de símbolos	Suporte: papel. Símbolos: alfabeto, desenhos. Leitura direta.	Suporte: magnético ou óptico. Símbolos: dígitos binários. Leitura indireta (hardware/software).
Conexão entre conteúdo e suporte	Conteúdo e suporte: não se separam; visualização simultânea de ambos.	Conteúdo e suporte: perfeitamente separáveis; visualização não simultânea de ambos.
Forma física	Tipo e tamanho da letra; idioma; cor; símbolos (logomarca).	Tipo e tamanho da letra (fonte); idioma; cor; símbolos (logomarca, indicação de "atachados", assinatura digital). + Contexto tecnológico (hardware e software).

continua

---

[24] Representação gráfica criada pela autora.

Peculiaridades quanto a	Documento convencional	Documento eletrônico
Forma intelectual	Configuração da informação (textual, gráfica, imagética).	Idem.
	Articulação do conteúdo (saudação, data, assinatura manual).	Articulação do conteúdo (saudação, data, nome do autor, nome do destinatário, nome do originador).
	Anotações (autenticação, observações, número do protocolo, código de classificação, temporalidade).	Idem.
*Metadado*s Obs.: Integram a forma física e intelectual do documento	Atributos concomitantes ou posteriores à criação do documento: anotações, instrumentos de pesquisa (inventários, catálogos, índices).	Atributos concomitantes ou posteriores à criação do documento: ❏ inerentes ao aplicativo – data e hora da elaboração do documento; ❏ especiais – código de classificação, temporalidade, *status* de transmissão (minuta, original ou cópia), o próprio sistema de gerenciamento arquivístico de documentos, anotações, instrumentos de pesquisa (inventários, catálogos, índices).
Identificação	Entidade física.	Entidade lógica.
Preservação	Acondicionamento correto + ambiente climatizado.	Fragilidade do suporte + obsolescência tecnológica.

Este livro foi impresso nas oficinas gráficas da Editora Vozes Ltda.,
Rua Frei Luís, 100 – Petrópolis, RJ.